Histórias do Passado

Copyright by © Petit Editora e Distribuidora Ltda., 2018

2-10-18-10.000-20.000

Coordenação editorial: **Ronaldo A. Sperdutti**

Projeto gráfico e editoração: **Juliana Mollinari**

Capa: **Juliana Mollinari**

Imagens da capa: **Shutterstock**

Assistente editorial: **Ana Maria Rael Gambarini**

Revisão: **Alessandra Miranda de Sá**

Érica Alvim

Impressão: **Lis Gráfica**

Dados Internacionais de Catalogação na Publicação (CIP)
(Câmara Brasileira do Livro, SP, Brasil)

```
Carlos, Antônio (Espírito).
   Histórias do passado / ditado pelo espírito
Antônio Carlos ; [psicografado por] Vera Lúcia
Marinzeck de Carvalho. -- Catanduva, SP :
Petit Editora, 2018.

   ISBN 978-85-7253-335-5

   1. Espiritismo 2. Psicografia 3. Romance espírita
I. Carvalho, Vera Lúcia Marinzeck de. II. Título.

18-18452                              CDD-133.9
```

Índices para catálogo sistemático:

1. Romance espírita : Espiritismo 133.9

Maria Alice Ferreira - Bibliotecária - CRB-8/7964

Direitos autorais reservados. É proibida a reprodução total ou parcial, de qualquer forma ou por qualquer meio, salvo com autorização da Editora.

(Lei nº 9.610, de 19 de fevereiro de 1998)

Traduções somente com autorização por escrito da Editora.

Impresso no Brasil, no inverno de 2018.

Prezado(a) leitor(a),

Caso encontre neste livro alguma parte que acredita que vai interessar ou mesmo ajudar outras pessoas e decida distribuí-la por meio da internet ou outro meio, nunca deixe de mencionar a fonte, pois assim estará preservando os direitos do autor e, consequentemente, contribuindo para uma ótima divulgação do livro.

VERA LÚCIA MARINZECK DE CARVALHO

Ditado pelo Espírito
ANTÔNIO CARLOS

Histórias do Passado

Rua dos Ingleses, 150 – Morro dos Ingleses
CEP 01329-000 – São Paulo – SP
Fone: (0xx11) 2684-6000
www.petit.com.br | petit@petit.com.br

SUMÁRIO

01 - O galho quebrado..7

02 - Lembranças 19

03- Uma casa de ajuda 31

04 - O intercâmbio...43

05 - Continuação do trabalho...59

06 - Decisões 75

07 - Amizade...91

08 - Mais um..103

09 - Tentativa de assalto...117

10 - Uma situação inusitada 131

11 - Um período tranquilo...145

12 - Uma despedida dolorosa 157

13 - O primeiro caderno 171

14 - Histórias do passado - Capítulo Primeiro 183

15 - Histórias do passado - Capítulo Segundo 195

16 - Outras despedidas..213

17 - Novamente com amigos...225

1º capítulo

O galho quebrado

Roberto, por ter adiantado sua volta para casa – não foi muito tempo, somente uns quarenta minutos –, ao passar pelo jardim, olhou para o pé de camélia e notou um galho quebrado.

Sua primeira esposa, Sueli, gostava muito desta planta, que floresce somente alguns meses por ano.

– Pela manhã, esse galho não estava quebrado! – exclamou Roberto.

Não era costume dele falar sozinho. Aproximou-se do pequeno arbusto para observá-lo melhor. Quando saiu pela manhã, fora a cavalo ver o espaço que estava sendo preparado para a plantação, passara por ali e instintivamente aproximou-se do pequeno arvoredo e viu vários botões. Chegou a pegar o galho que crescera rumo à trilha. Agora, horas depois, ele estava quebrado.

Quando chegou, foi para os fundos da casa deixar o cavalo. Evita, a empregada de sua esposa Cacilda, veio correndo avisar.

– Minha ama não está bem.

– Crise novamente? – perguntou Roberto.

– Sim, dei-lhe remédio, acredito que descerá para o almoço.

Ele então nem entrou na casa, contornou-a e foi para o jardim.

"O galho foi quebrado por alguém que deve ter passado rápido e não teve o cuidado de afastá-lo. Quem?"

Na casa havia poucos empregados: Marcionília, a bondosa Merci, que trabalhava para ele havia muitos anos e era a cozinheira; Evita, que viera junto a Cacilda; e Lourenço, um serviçal faz-tudo. A casa era grande, sempre bem conservada, e, para estar sempre em ordem e limpa, duas diaristas vinham duas vezes por semana para lavar, passar roupas e limpar a casa.

"Hoje não tem ninguém extra na casa", lembrou Roberto.

Verificou o chão.

"Parece que aqui passou alguém, e de pés grandes. Não deve ter sido Lourenço, deixei-o limpando o estábulo e agora vi que realmente o fez. Não deve ter tido tempo para andar por aqui."

O jardim da casa não era grande: bem à frente havia canteiros de plantas rasteiras que estavam sempre floridos; do lado direito, havia roseiras; do lado em que ele estava, camélias, eram seis pés. A trilha era de terra e, passando pelas camélias, ia para o pomar com muitas árvores frutíferas. Pela trilha se chegava à estrada, que fazia uma curva fechada e, de lá, não se via a casa.

Roberto olhou para o chão e concluiu: "Se alguém saiu por aqui ou entrou, foi para não ser visto".

Em frente ao jardim estava a estrada e, por ela, depois de uns quinze quilômetros, chegava-se à pequena cidade; seguindo-a pelo lado esquerdo, ia-se para as muitas propriedades rurais. A casa não era cercada e não havia portões.

Pegou o galho que estava ainda preso à planta por uma fibra. "Quebrou, está quebrado, não há como unir ao tronco e estava com três botões."

Acabou de tirá-lo e o jogou no solo. Entrou na casa e foi à cozinha. Marcionília se assustou.

– Senhor Roberto, o almoço ainda não está pronto. Dona Cacilda me mandou fazer um doce.

– E você ficou ocupada na cozinha – falou Roberto.

– Foi isso, não saí daqui.

– Não se afobe, espero pelo almoço – ele sorriu tranquilizando a funcionária.

"Parece que às vezes Cacilda quer que Merci não saia da cozinha. Será que estou desconfiando sem razão? Ou com razão?"

Foi à sala esperar pelo almoço. Não se preocupou em saber como Cacilda estava. Começava a se cansar de suas crises. Olhou para um vaso de porcelana azul, muito bonito, que estava na mesinha ao lado da poltrona.

"Era de Sueli ela gostava muito desse vaso. Um dia, ao limpá-lo, deixou-o cair, e ele quebrou em dois lugares. Sueli chorou. Eu, com cuidado, colei as partes. Não ficou perfeito; se observá-lo bem, verá as emendas. Continua sendo um vaso, mas não como antes, ficou colado em dois lugares. Quem não sabe, ao olhá-lo, talvez nem note, mas quem sabe não esquece. Com o galho é diferente, ele não resiste muito tempo sem ser alimentado pelo tronco, pela planta, e não tem como colá-lo, fazê-lo ser parte da planta novamente. Pode nascer outro galho no lugar, mas será outro e não o mesmo."

Marcionília anunciou:

– O almoço está servido!

Para sua surpresa, Cacilda desceu as escadas, a casa era um sobrado, os quartos estavam no andar de cima. Ela olhou para ele e sorriu. Roberto sorriu também, observou-a.

"Cacilda parece estar alegre! Muito recuperada para quem sofreu uma crise."

Sentaram-se os dois num canto da mesa, esta era grande, com quatorze cadeiras. Almoçaram calados; na sobremesa, Cacilda perguntou:

– Está preocupado, querido?

– Negócios, somente negócios – respondeu ele.

– Já decidiu o que irá plantar?

– Ainda não.

"Não sei por que Cacilda se preocupa com o que vou plantar. Pela vizinhança, todos estão atentos ao que faço."

Isso tinha razão. Roberto era bem informado, lia jornais, estava atento às previsões tanto do tempo como do mercado. Porém, seguia sempre sua intuição. Resolveu plantar, no ano anterior, girassol e ganhou um bom dinheiro; se plantava milho, se dava bem naquele período, e assim era com soja, feijão etc. Tinha na fazenda plantações como café e laranja, que não eram replantadas. Fora ver, pela manhã, o terreno preparado e sabia o que ia plantar, mas não disse a Cacilda. Há anos, seus vizinhos costumavam plantar o que ele cultivava. Não era egoísta, porém naquele ano realmente ele demorou para decidir, porque as previsões de chuvas eram incertas, não souberam informar com mais precisão como seriam as chuvas nos meses seguintes.

Levantou-se da mesa sem sequer olhar para Cacilda. Foi para o escritório e fechou a porta. Sentou-se em frente à escrivaninha, olhou para as fotos dos filhos nos porta-retratos.

"Tenho filhos lindos! Que saudade tenho de você, Renata!", suspirou.

Destrancou uma gaveta. Pegou uma carta e a releu, talvez pela quarta vez. A missiva era uma resposta muito esperada. Escrita à mão e com letra muito bonita, afirmava que poderiam recebê-lo no dia vinte e cinco, às dezesseis horas, para um atendimento particular.

"Vinte e cinco é amanhã. Irei!", decidiu Roberto.

Saiu do escritório e, para seu alívio, não viu a esposa, foi à cozinha.

– Merci, por favor – pediu Roberto –, depois coloque duas trocas de roupas para mim na mala pequena, ponha também um agasalho. Vou viajar amanhã cedo. Pegarei o trem das seis horas.

– Irá ver os meninos? – perguntou Marcionília.

– Não, irei a negócios. Penso em voltar logo.

– Estou saudosa! – exclamou Marcionília. – Faz tempo que não os vejo. Eles não têm gostado de vir aqui, não toleram a madrasta. Renata a detesta. Dona Cacilda até tenta agradá-la, mas não adianta. Júnior trabalha muito, Ronaldo segue o irmão. Pena, senhor Roberto, que os garotos não gostem daqui, pelo menos para morar.

– Não quero forçá-los a nada, Merci; quero que escolham o que querem fazer.

– O senhor não teve escolha, não foi?

– Não – respondeu Roberto –, meu irmão mais velho foi estudar na capital e decidiu ficar por lá, minha irmã se casou e foi para longe. Papai deu um jeito de me segurar aqui. Atualmente não reclamo mais, já reclamei muito, gosto da fazenda, mas sempre senti falta de não ter tido oportunidade de conhecer outra forma de viver. Queria estudar, cursar Medicina, ser médico.

– Como o doutor Milton. São amigos de infância, não é? – perguntou a cozinheira.

– Sim, somos amigos de infância. Ele foi estudar, voltou para ser médico aqui e não escapou de casar com quem seu pai quis. Na época, pensei que ele ia embora, mas algo o segurou aqui. Talvez seja o amor pelo trabalho. Milton, além de ser excelente médico, é dedicado, ama o que faz – Roberto suspirou. – Estou também com saudades das crianças, mas não irei vê-los, vou a outra cidade.

– Crianças! – Marcionília riu. – São adultos: Júnior está com vinte e cinco anos, Ronaldo irá logo completar vinte e quatro anos, e Renata tem vinte e dois anos. Todos solteiros e sem intenção de casar.

– Será por que sempre nos queixamos, Sueli e eu, de que nos casamos muito jovens? – perguntou Roberto.

– Pode ser, o senhor se casou com dezoito anos e dona Sueli com dezesseis anos. Não sei como deu certo.

– Não deu tanto assim! – Roberto forçou um sorriso.

– Mas viveram juntos, o senhor cuidou dela quando adoeceu, ficou viúvo, separaram-se pela morte.

– Você não aprova meu segundo casamento, não é?

– Quem sou eu para aprovar ou não? O senhor é novo demais para ficar sozinho. Deve ter tido motivos para trazer essa senhora para casa.

– Cacilda a trata mal? – Roberto quis saber.

– Não, ela até me agrada, me dá presentes, aceito e agradeço, mas, como as crianças, não gosto dela e não sei explicar o porquê.

Roberto saiu da cozinha, subiu para seu quarto, não tinha nada para fazer ali; andou pelo cômodo, sentia-se inquieto. Saiu e foi ao quarto de Cacilda. Desde que ela fora morar ali, ficaram em quartos separados. Roberto sentia-se incomodado de dormir com outra pessoa. Dormia em um quarto sozinho desde que nascera o primeiro filho, Júnior, que, como todas as crianças, acordava para mamar e chorava; ele não dormia, mas tinha de levantar muito cedo e, ao fazê-lo, acordava Sueli, que dormia quando o neném dormia. Foi então para outro quarto, e não dormiram mais juntos. Gostava de sua privacidade.

Cacilda estava sentada numa poltrona lendo.

– Oi, querido!

Sorriu, e Roberto tentou sorrir.

"Não a estou suportando. Meu Deus! Isso não pode continuar!"

– Estou lendo esse livro sobre viagens. Como você me prometeu, iremos viajar depois da colheita. Não vejo a hora, quero tanto sair, passear.

Roberto estava de pé, encostou-se numa cômoda alta, escutava Cacilda quando viu as unhas, mas não se mexeu e nada falou. A visão durou um milésimo de segundo. Era a terceira vez que via as unhas pintadas de vermelho e grandes, como Sueli usava e gostava. A primeira vez que viu, levou um grande susto, estava sozinho no escritório, deu um grito e esbarrou num porta-retratos, que caiu e quebrou. Marcionília fora correndo ver o que acontecera, e ele se desculpou, disse que gritara porque deixara cair o porta-retratos onde estava a foto de Sueli. A segunda vez sentiu medo, mas não gritou. Agora, na terceira vez, esforçou-se e conseguiu ficar indiferente. Cacilda ainda falava de viagem.

– Irei amanhã cedo viajar – interrompeu ele.

– Iremos, não é, querido? – Cacilda perguntou com voz carinhosa.

– Não, irei sozinho.

– Já sei, seus filhos não querem me ver. Posso ficar no hotel enquanto você se encontra com eles.

– Não vou à cidade em que eles moram, irei a outra. Será por negócios. Penso em resolver logo o que irei fazer e voltar – informou Roberto.

– Pena, me sinto tão sozinha aqui e ficarei ainda mais sem você.

– Como foi sua crise hoje pela manhã? – perguntou Roberto mudando de assunto.

– Senti alguém perto de mim me sufocando e vi as unhas vermelhas – respondeu Cacilda.

Roberto arrepiou-se ao escutá-la. Ela fez uma pausa e falou em tom de queixume.

– Por isso quero viajar, querido. Penso que, se for estafa, como doutor Milton diagnosticou, irei sarar com certeza.

Ele sorriu.

– Continue a ler, tenho coisas a fazer.

Saiu do quarto dela e voltou ao seu; assim que entrou, sentiu o perfume, o mesmo que Sueli usava.

Foi para o escritório.

"Tenho mesmo de ir buscar auxílio", pensou.

Roberto lera, havia uns quinze dias, um artigo no jornal em que o autor do texto afirmava que um grupo intitulado "espírita", seguidores de um autor chamado Allan Kardec, havia auxiliado a ele e à sua família. Contou que eles não conseguiam ficar em paz na casa em que residiam, pois era assombrada por espíritos que não os deixavam ter sossego; que, após o atendimento, conseguiram dormir sem ser incomodados, voltaram a se sentir bem e estavam contentes.

"Ainda bem que ele escreveu o endereço!", pensou Roberto.

Assim que leu o artigo, escreveu pedindo para ser atendido. Por isso aguardou a resposta, estava esperançoso, esperava receber ajuda.

"Se fosse somente Cacilda a ver vultos, sentir-se sufocada e ver as unhas, poderia achar que era para chamar atenção ou fantasias de sua mente imatura, talvez nem tentasse entender, mas já vi as unhas, vi vultos e senti o perfume. Assim mesmo, parece que estou sendo ridículo, por isso não falei a ninguém o que vou fazer."

Foi à estrebaria, arreou ele mesmo o cavalo e saiu, foi atrás de seu gerente e o encontrou refazendo a cerca com mais dois empregados. Falou que iria se ausentar e que cuidasse de tudo.

Os empregados estavam perto de suas moradias. Estas ficavam perto da sede, eram cinco, uma ao lado da outra, todas confortáveis, com três quartos, banheiro, sala e cozinha, cômodos grandes. Estavam quatro ocupadas no momento. Como a cidade era perto, sempre que precisava de mais mão de obra, eram contratadas pessoas que moravam na cidade.

Não querendo voltar para a casa, galopou com seu cavalo pelos campos. Era um dos seus costumes antigos; quando casado com Sueli, fazia sempre isso, era como se fugisse dos problemas e da casa, agora voltava a fazê-lo.

"É desamor", concluiu ele, "não as amava e não era, não sou, amado".

Ao passar pela estrada, viu Siana, uma mulher idosa que morava numa cabana perto da estrada. Fazia tempo que Roberto não se encontrava com ela. Siana andava devagar. Ele parou perto dela, pensando que talvez ela precisasse de algo. Perguntou, após cumprimentá-la:

– Está precisando de alguma coisa?

– Não, senhor Roberto, obrigada; o que o senhor manda para mim todo mês é o suficiente. Oro para o senhor todos os dias. Sou grata. Vim aqui porque me falaram que naquela árvore estava um cão abandonado; preocupada com o bichinho, o vim ver, mas ele não estava mais lá, um homem o pegou e irá cuidar do cãozinho.

– Como tem tanta certeza? – perguntou Roberto.

Indagou sorrindo, porém sabia, como todos por ali, que Siana era vidente, lia sorte e benzia. Ele não acreditava nos dons dela, mas nunca criticou. Como ela morava na divisa de suas terras, era sozinha e idosa, pedia para Marcionília fazer uma cesta com diferentes gêneros alimentícios, e Lourenço a trazia para ela, isto todos os meses. Siana pareceu esperar Roberto pensar para responder:

– Quando cheguei na árvore, vi que um homem tinha pegado o cachorro. Senti que ele era boa pessoa, então cuidará bem do animalzinho. Senhor Roberto – Siana o olhou –, a maioria das vezes recebemos auxílio de pessoas para quem nada fizemos. Eu recebo do senhor. Gostaria de retribuir, ainda não o fiz, mas quem sabe um dia? Já fiz muitas coisas boas para os outros. Se o senhor buscar minha ajuda, a receberá. Aconselho-o a pensar bem no que escutará. Eu poderia falar o que escutará, mas penso que não irá acreditar. O preconceito atrapalha nossa vida. Nunca devemos organizar nossa maneira de viver pensando no que os outros irão achar. O senhor poderá ficar bem perto da pessoa que ama. Boa tarde!

Siana sorriu e foi andando. Roberto ainda ficou parado, pensou até em perguntar o que ela quisera dizer sobre preconceito e não dar importância à opinião dos outros.

"Penso que não sou preconceituoso, também não costumo me importar com opiniões alheias, não gosto de fofocas. Porém nunca tive motivos para me importar com comentários ao meu respeito. Quanto a encontrar alguém que ame, parece impossível. A boa Siana quis me agradar."

Olhou-a novamente, vestia-se com simplicidade, estava sempre limpa, roupas discretas, cabelos brancos presos num coque. O que mais impressionava nela era o olhar, sempre sereno, demonstrando alegria.

"É uma pessoa agradável!", concluiu Roberto.

Voltou para casa, tirou o arreio do cavalo e o acomodou no estábulo; procurou por Lourenço, este estava no seu aposento, um pequeno apartamento perto do estábulo. O empregado, ao vê-lo se aproximar, foi ao seu encontro.

— Lourenço, vou à cidade amanhã às cinco horas e trinta minutos. Por favor, neste horário, esteja com a charrete pronta. Vou de trem, você irá me levar, depois passe no armazém para trazer as encomendas de Merci e de Cacilda. Compense as horas, por ter começado mais cedo, parando de trabalhar antes.

— Sim, estarei pronto amanhã, esperando-o.

Roberto olhou para a garagem, que estava com o portão fechado. Dentro, um carro novo, veículo caro, bonito e que raramente saía de lá; às vezes levava Cacilda à cidade, a deixava lá por horas, onde se encontrava com amigas para um chá, sorvete ou mesmo para fazer compras, e depois a buscava. Quando viajava, preferia ir de trem, que, além de ser confortável, não corria o risco de, se chovesse, ficar preso na lama, ou de ter muita poeira, porque as estradas na região eram, a maioria, de terra batida. E, como ninguém sabia ali dirigir o carro, quando ia à cidade para pegar o trem, ia de charrete. Prometera ensinar Cacilda a dirigir, mas não tinha paciência para isso. Não havia ensinado nem seus filhos, estes aprenderam como ele, na autoescola, e, como não tinha uma na cidadezinha perto, era necessário ir de trem a outra cidade ter aula e voltar. Cacilda foi duas vezes e desistiu, deixou para aprender depois da viagem que fariam.

Entrou na casa, foi tomar banho e depois desceu para jantar. Cacilda o esperava, jantaram; ela ainda tentou conversar, mas Roberto nem se esforçou para responder, o fez somente com monossílabas.

— Vou dormir, amanhã levantarei cedo.

— Boa noite, querido! Boa viagem! Pense em mim!

Roberto se esforçou e sorriu, subiu para seu quarto. A maleta estava perto da porta. Colocou o despertador para que fosse acordado às cinco horas. Deitou-se. Sentiu o perfume.

— Por favor! Esse cheiro não! — falou baixinho. — Deixe-me em paz! Não quero você aqui!

O cheiro, por alguns momentos, ficou mais forte. Ele tentou dormir, acomodou-se no leito. O perfume diminuiu, e ele adormeceu.

2º capítulo

Lembranças

O despertador tocou, Roberto se levantou, se trocou, pegou sua maleta e, procurando não fazer barulho, saiu da casa. Lourenço o esperava. Cumprimentaram-se. Não falaram nada, o empregado sabia o que ia fazer, levou o patrão à estação de trem. Roberto desceu, comprou a passagem e, como tinha uns minutos, tomou café no bar da estação.

O trem chegou no horário, ele se acomodou no seu lugar. Estava sozinho no banco, não estava com sono. E lembranças vieram...

Teve uma infância feliz; embora seu pai fosse muito enérgico, sua mãe compensava, agradava os filhos, eram três, e ele, o caçula. Seu pai queria ter tido uma família numerosa, mas a mãe estava sempre adoentada e não engravidou mais. Brincou muito na fazenda, andou a cavalo, pescava, tomava banho no rio, subia nas árvores.

"Como tudo era bom! Às vezes preocupávamos mamãe por fazermos tantas traquinagens. Parece que, ao recordar, sinto o frescor da água do riacho."

Ele, o irmão e a irmã estudavam na cidadezinha, e, depois da quarta série, fazia o trajeto que estava fazendo. Levantavam-se cedo, o pai ou um empregado os levava à estação, e iam à cidade próxima para ir ao colégio. O irmão mais velho era muito estudioso, queria ser engenheiro civil e se dedicou para isso. A mãe o incentivava. A irmã queria ser professora, e ele, médico, como Milton, seu melhor amigo. Faziam a rápida viagem de trem vários estudantes, acomodavam-se num vagão, conversavam muito e voltavam quase todos no mesmo horário, às quatorze horas. Ele e Milton sempre estiveram na mesma classe e planejavam, entusiasmados, estudar para serem médicos.

O trem parou. Roberto olhou com saudades para a estação onde, na adolescência, descia em alvoroço. Não havia mais estudantes no trem; na cidadezinha, agora, tinha uma escola de ensino médio. Ele teve a impressão de escutar a algazarra dos estudantes.

"Que saudade daquele tempo!"

Sentou-se, ao seu lado, uma senhora que, após cumprimentá-lo, indagou:

— O senhor vai para onde? Eu descerei na próxima parada, irei visitar minha filha, que mora lá.

Roberto respondeu por educação, não estava a fim de conversar, fechou os olhos e fingiu dormir. A mulher pegou uma revista e se pôs a ler.

"Nunca me desentendi com Milton", pensou Roberto. "Nem mesmo quando nós dois nos interessamos por Danúsia, uma garota linda; pelo menos nós dois, na época, achávamos. Encontramos uma solução, nos decepcionamos, e tudo acabou em risada."

Estavam com quatorze anos, Danúsia estava na classe deles. Resolveram, após algumas conversas, tirar a sorte no palitinho para ver quem a iria pedir em namoro. Ele ganhou, porém, naquele mesmo dia, no recreio, a viram com um garoto mais velho e escutaram comentários de que estavam namorando.

"No ano passado vi Danúsia, que se casou com o namorado daquela época, e são felizes. Porém, não a achei mais bonita. O tempo passa, nos modificando."

Tanto ele como Milton tiveram algumas namoradinhas, mas nada sério.

"Meu irmão foi para uma cidade grande estudar, ele é mais velho que eu sete anos. Foi, gostou e não quis voltar, isso aborreceu muito meu pai. Vejo raramente meu irmão, correspondemo-nos algumas vezes no ano. É bem-sucedido profissionalmente, casou-se com quem quis, teve dois filhos, há tempos é avô."

Lembrou-se de sua irmã.

"Ela é quatro anos mais velha que eu. Meu pai não deixou que continuasse os estudos e arranjou um casamento para ela. O noivo era seu namorado, papai não sabia, eles namoravam escondido, e eu a ajudava nos seus encontros. Casaram-se e, pelo trabalho do meu cunhado, eles se mudaram muito de cidade, acabaram fixando residência longe daqui."

Também se correspondiam, ela e o esposo o haviam visitado no ano anterior.

"Gosto de minha irmã, ela é muito parecida com mamãe. Tem filhos e é avó."

A mãe faleceu quando ele tinha doze anos.

– A vida em casa ficou mais difícil. Meu pai realmente não era fácil – suspirou.

– O que o senhor falou? Não entendi – perguntou a mulher ao seu lado.

– A viagem está agradável! – exclamou Roberto.

– Só se for para o senhor. Vou descer, o trem está parando.

De fato, a locomotiva parou, e a mulher desceu. Entraram outros passageiros.

– Roberto! Betão! Que surpresa encontrá-lo!

Ele se virou e viu um colega de escola.

– Paulo!

Os dois se abraçaram, o antigo companheiro de estudos se sentou ao seu lado. Trocaram notícias.

Paulo estudara, era engenheiro, continuava morando na mesma cidade e estava viajando a trabalho; casou-se, tinha dois filhos e estava contente com a vida.

– Roberto, nunca esqueci quando você parou de estudar para casar. Eu particularmente fiquei indignado com a atitude ultrapassada de seu genitor.

– Também não esqueço – falou Roberto.

– Tentamos ajudá-lo, até planejamos sua fuga. Estávamos revoltados. Lembro que sonhava em ser médico. Quando se despediu da turma, você chorou, pena que não fizemos nada. Éramos todos tão jovens!

– Ia ficar noivo e, dois dias depois que me despedi de vocês, fiquei. Casei-me logo depois.

– Foi feliz? – Paulo quis saber.

– Na época, afirmaria que não. Agora não sei. Talvez tenha tido a vida que mereci. Compreendi, com o tempo, que gosto da fazenda; estive e estou bem financeiramente. Tenho três filhos maravilhosos que nunca me deram problemas. Não tenho como comparar somente pelo "se", como "se não tivesse casado", "se tivesse estudado"...

– Como o "se" atrapalha a vida da gente! – Paulo sorriu. – Você se esqueceu do "se" que queríamos: "se" você fugisse.

Histórias do Passado

– Fiquei muito tentado a fugir, porém, depois de pensar bastante, concluí que não tinha para onde ir e, sem o financiamento do meu pai, não conseguiria estudar. E onde trabalhar? Não sabia fazer nada além de cuidar da fazenda.

– Hoje entendo que foi a melhor escolha. Mas seu pai, hein!? Nunca entendi a atitude dele.

– Eu somente compreendi meu genitor com a maturidade – contou Roberto. – Porém, ainda continuo achando que ele não agiu corretamente comigo. Quando ele me forçou a casar, estava viúvo; talvez com mamãe conosco, mesmo não tendo autoridade, ela teria me ajudado. Meu pai não se casou novamente, sabíamos que ele saía com mulheres, mas não quis compromisso. A fazenda, as terras que recebi de herança são de minha família há quatro séculos. Meu pai, naquela época, descobrira que estava com câncer, e em estado grave, tinha pouco tempo de vida. Não contou a ninguém, soubemos quando estava para morrer. Tentou convencer meu irmão mais velho a voltar para casa, não conseguiu, então viu em mim aquele que tomaria conta de seus bens. Meu pai brigou com os irmãos dele por aquelas terras. Como filho mais velho, meu avô achou que ele deveria herdá-las, não queria dividir a fazenda e a tornar pequenos sítios. Meu avô quis que ficassem as terras para um somente. Tinha nove filhos. Vovô repartiu outros imóveis com os outros herdeiros, e meu pai pagou por anos aos seus irmãos pelas terras. Penso que não foi o suficiente, porque se tornaram inimigos, não tiveram mais contato, não conheço meus tios, que foram morar longe daqui. Meu pai amava aquelas terras e não queria que pertencessem a pessoas estranhas, queria que alguém da família cuidasse delas. Então me obrigou a casar porque pensava que, casado e com filhos, desistiria de estudar e tomaria conta da fazenda. Isso ocorreu.

– Espero que você não faça com seus filhos o mesmo que fizeram com você – falou Paulo, que o escutava atento.

– Nunca! – afirmou Roberto. – Meus filhos estão formados, moram na capital, e nenhum se interessou pela fazenda. Com certeza, quando morrer, eles a venderão.

– Você parece não se importar com essa possibilidade.

– Realmente não me importo. Deixei-os bem à vontade para fazerem o que quisessem.

– Você foi pai muito jovem e ainda é novo. Não pensa em ser pai novamente? – perguntou Paulo.

– Não, fiz vasectomia. Três filhos é o suficiente. Amo meus filhos – respondeu Roberto.

– Foi quando se tornou pai que entendeu o seu? Quando teve filhos?

– Não – respondeu Roberto –, quando meus filhos nasceram parecia que estava brincando de pai. Ainda bem que Sueli era mais matura. Quando me casei, papai já demonstrava não estar bem. Dois meses depois do meu casamento, ele chamou meu irmão e minha irmã para uma reunião em casa. Tinha tudo preparado: deu para meu irmão imóveis na cidade e uma quantia em dinheiro; a mesma quantia para minha irmã e as joias de minha mãe, que eram muitas e valiosas. Comunicou que a fazenda era minha, que não queria brigas e que lembrassem que ele a tinha oferecido a eles.

– Seus irmãos aceitaram? – indagou Paulo.

– Sim, aceitaram e nunca reclamaram. Papai faleceu, e Sueli estava grávida.

– Como foi seu casamento?

– Era imaturo e tinha vontade de aproveitar a vida. Trabalhador, sim, sempre administrei bem a fazenda, mas tive muitas amantes. Infelizmente esqueci que Sueli também havia sido obrigada a se casar comigo. Com o nascimento de minha filha, a terceira, mudei, penso que para melhor. Passei a tratar Sueli bem, continuei tendo amantes, porém mais escondido.

– É inacreditável – Paulo sorriu – que seu pai o tenha obrigado a casar. No tempo atual isso é um absurdo e, mesmo naquela época, isso já não era comum.

– Agora sei que aceitei, me fiz de vítima para os amigos, para mim mesmo, mas obedeci meu pai porque quis; se não quisesse realmente, teria ido embora, me recusado a casar e enfrentado a vida. Penso que meus irmãos me ajudariam. Foi mais conveniente fazer a vontade dele e ficar na fazenda. Tive medo de ter de trabalhar, ser empregado, e não conseguiria estudar, pelo menos não medicina.

– Bem, tudo passa, e passou. Como Sueli faleceu?

– Ficou doente, leucemia. Cuidei bem dela – respondeu Roberto.

– Casou-se de novo. Dessa vez por amor.

– Mais ou menos.

– Como assim? – Paulo ficou curioso.

– Penso que me senti muito sozinho. Os três filhos morando fora, Cacilda me envolveu e foi para minha casa.

– Bem, espero que resolva esse "porém". Não se esqueça de que separação existe. Espero que não tenha se casado com comunhão de bens.

– Isso não! – Roberto sorriu.

Passaram a falar de política, negócios, e Paulo chegou ao seu destino. Despediram-se.

Foi um encontro agradável. Roberto, agora sentado sozinho, lembrou-se dos amigos, a maioria continuou a estudar. Não perdeu o contato somente com Milton, que estudou medicina, tornou-se um bom médico, casou-se e tinha dois filhos. Frequentava sua casa, e Milton, a dele. Sempre foi médico de seus filhos e de Sueli.

"Não me lembro de nenhuma discussão nossa, não nos desentendemos nesses anos todos que convivemos."

Sueli ficou enferma, ele fez de tudo pela sua esposa. Com a mãe adoentada, os filhos vinham mais vezes à fazenda. Ele contratou mais empregadas para ajudar Marcionília e duas enfermeiras. Sentiu sua morte como a de uma amiga.

"Bem, não éramos tão amigos assim. Conversávamos pouco."

Olhou pela janela a paisagem. Tudo parecia igual ao lado dos trilhos.

"O fato", continuou Roberto pensando, "é que não tínhamos afinidades, nossos gostos eram muito diferentes. Possuímos somente uma coisa em comum, o amor pelos filhos. Senti por vê-la sofrer e respeitei seu pedido, não queria ir para o hospital. Ela também tinha mágoa de sua família, que a obrigou a se casar. Será que Sueli amava alguém? Nunca procurei saber."

O trem parou novamente. O vagão estava quase vazio, e Roberto continuou recordando.

"Paulo tem razão, Milton sempre foi meu amigo. Nós dois brincávamos desde criança. Ele ficava muito na nossa casa na fazenda e, quando fazia isso, dormia no meu quarto. Muitas vezes vinha da escola comigo e ia conosco no outro dia para a cidade. Passava muitos dias das férias no meu lar, e eu também ficava na casa dele, sempre morou na cidadezinha. Estudamos sempre nas mesmas escolas. Quando passamos a estudar na outra cidade, íamos e voltávamos de trem. O costume na casa dele era parecido com o da minha: o pai mandava, a mãe cuidava dos filhos e da casa. A diferença era que o genitor de Milton queria que ele estudasse. Eu me casei, e ele foi estudar; nas férias, ele passava dias na fazenda. Sueli o tratava bem, e eu aproveitava para desfrutar da companhia do meu amigo, tinha então com quem conversar, eram sempre diálogos agradáveis. Milton nos convidou e quis muito que fôssemos à sua formatura, mas Sueli se adoentou e não fomos. Quando ele se formou, o pai dele marcou seu casamento. Indignei-me. Milton me explicou que estava muito triste. Lembro ainda o que ele me disse: 'Roberto, meu genitor, para me formar, pediu dinheiro emprestado à família de minha noiva com o compromisso de que eu

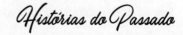

me casasse com ela. Propus trabalhar e pagar o empréstimo, meu pai teve um ataque, pensei que ia me surrar, sentiu-se mal, foi uma discussão desagradável. Pensei em fugir, ir embora, tenho o diploma e posso trabalhar. Meu pai falou que tinha dado sua palavra e, se eu não me casasse, ele se suicidaria. Mamãe chorou e me implorou que eu obedecesse meu genitor. Estou desesperançoso com o amor e aí resolvi casar e tentar ser bom para ela, que não tem nada com isso'."

Roberto suspirou novamente, desta vez alto, e foi depois que olhou à sua volta e viu que ninguém prestava atenção nele que voltou a recordar.

"Senti muita pena do meu amigo, mas, pelo menos, ele realizara seu sonho de ser médico. Fomos, Sueli e eu, padrinhos de seu casamento, e continuamos amigos. Milton não se queixa de sua esposa. Penso que ele se dedica tanto à Medicina que deve ser esse seu grande amor. Nunca falou de outra mulher e não teve amantes, não que eu saiba. Ele dirige, cuida de uma casa onde ficam crianças doentes. Sua esposa o ajuda, e talvez por isso não esteja indo tanto em casa ou não vá por não gostar de Cacilda, e ela não gosta dele. Cacilda é esperta, não critica ninguém e tenta agradar a todos. Sinto seu modo de ser falso. Nada mais me agrada nela. Deveria ter escutado Milton quando me aconselhou a não ser precipitado. Talvez devesse ter comentado com ele o que estou fazendo, para onde estou indo. Preferi não contar. Se eu me sinto ridículo, o que Milton acharia? Se for uma reunião interessante, depois conto."

O trem parou, e Roberto verificou a estação, chegara ao seu destino. Desceu e foi para o hotel, almoçou e resolveu aguardar no quarto o horário para ir ao compromisso. Abriu a maleta e viu um bilhete, era de Cacilda. Leu: "Querido, me traga um presente; se não for uma joia, pode ser um casaco. Amo-o. Sua esposa Cacilda".

"Não vou comprar nada!"

Tinha planejado ir somente no outro dia ver tratores, peças agrícolas e sementes.

"Como faço besteiras! Cacilda é, talvez, a maior delas."

Estava viúvo havia quase dois anos quando, numa festa na cidade, em que comemorava o aniversário de um amigo, conheceu Cacilda, que ali estava para descansar numa cidade tranquila. Pelo menos foi isso que ela falou. Achou-a bonita, envolvente, foram apresentados, e ela não o deixou mais. A moça tentou de tudo para conquistá-lo. Ele gostou da atenção dela, sentia-se muito sozinho.

"Precisava desviar meus pensamentos! Achei que com Cacilda resolveria meu problema!"

Ela foi para a fazenda e, sedutora, o envolveu. Trouxe sua empregada, e se casaram.

"O encanto acabou, e eu não a estou mais tolerando. Sempre soube que Cacilda está comigo pelo dinheiro. Claro que não me ama. E as crises?"

Seis meses depois de Cacilda ter ido morar na fazenda, elas começaram. Primeiro, com sustos. Dizia que via vultos, que alguém se escondia na cortina. Depois, que a empurraram da escada. Sentia, muitas vezes, um cheiro forte de perfume.

"Isso é verdade, já senti muitas vezes o perfume, e era o que Sueli usava."

Cacilda via as unhas pintadas de vermelho.

"Também já vi. 'As crises de Cacilda', é assim que chamamos, Marcionília, Evita e eu, todas as vezes que Cacilda leva susto, grita ou chora de medo."

"Ela passou a se queixar muito. Por duas vezes, afirmou que acordou com alguém tentando apertar seu pescoço. Tem pesadelos."

"Eu mesmo já acordei com seus gritos."

Histórias do Passado

Roberto, correndo, ia para o quarto de Cacilda; às vezes ia também Evita, e ela, chorosa, contava que sonhara que alguém corria atrás dela ou que lhe falara e ela não conseguia entender.

"Foi uma bênção eu ter lido o artigo. Estou esperançoso de que esse grupo resolva meu problema."

Saiu do hotel, resolveu andar um pouco, estava ansioso, comprou jornais e revistas; voltou ao quarto, porém não os leu, não conseguia se concentrar. Mesmo sabendo que ainda faltava muito para o horário marcado, resolveu ir, pegou um táxi e deu o endereço que, de tanto ler, havia decorado.

3º capítulo

Uma casa de ajuda

O táxi deixou Roberto na frente do endereço indicado. Desceu do veículo e, como de costume, observou o local. Era uma casa comum, parecia ser grande, com um pequeno jardim à frente, que era cercado por uma mureta baixa com grade alta. Aproximou-se do portão, apertou a campainha. Escutou um som alto e logo uma mulher veio atender.

— Boa tarde! – disse Roberto. – Tenho horário marcado, cheguei antes e...

— Boa tarde! – interrompeu a mulher. – Pode entrar!

Roberto passou pelo portão, que foi novamente trancado, e acompanhou a senhora.

– Por favor, espere aqui.

Ela o deixou numa sala de estar onde tinha dois sofás pequenos e cinco poltronas. Um senhor estava ali. Após cumprimentá-lo, Roberto se sentou numa poltrona.

– Minha ansiedade me fez vir antes do horário – disse o homem. – Chamo-me Geraldo, estou aflito para receber ajuda. Não sou da cidade. Vim com a esposa e uma filha de cinco anos. É por ela, minha menina, que estou aqui.

Roberto prestou atenção; na pausa que Geraldo fez, se apresentou. Realmente, aquele homem estava preocupado e voltou a falar.

– É por minha filha que estou aqui – repetiu. – Ela se recorda do passado. – Percebendo que Roberto não estava entendendo, explicou: – Sei que não tem nada demais recordar fatos que nos aconteceram, mas minha garotinha fala de acontecimentos que lhe ocorreram em outra vida. Reencarnação? Já ouviu falar? – Como Roberto negou com a cabeça, Geraldo esclareceu: – Não domino o tema ainda, a necessidade me fez pesquisar. Encontrei livros do século passado, traduzidos de um escritor francês chamado Allan Kardec, que esclarecem esse assunto. Li algumas partes, minha esposa que lê mais. Pesquisei sobre o assunto e tive conhecimento de que algumas religiões, há milhares de anos, acreditam que nosso espírito volta em outro corpo físico, e tudo recomeça. Estou acreditando. Essa minha filha é a segunda, tenho três filhos; logo que começou a falar, Elisa, é assim que ela se chama, colocou nomes nas suas bonecas muito estranhos, diferentes. Minha esposa pediu para ela colocar nomes mais bonitos, e ela respondeu: "Você não entende, mamãe, que esses nomes são de meus filhos, minhas bonecas se chamam Fernanda e Luíza". Fala sempre de seus dois filhos que mergulhavam no mar para pegar pérolas. Minha filha conta que teve uma irmã que foi para um lugar distante e que a abandonou. Pelo que ela diz, essa irmã foi para um convento. Fala do pai, que era muito rígido e a espancava, e depois o marido. Enfim, teve uma vida de sacrifícios. Só que ultimamente ela começou a ver o espírito que foi o pai dela e, quando isso ocorre, minha menina fica triste e chorona. Mudamos de casa, e aumentaram nossas dificuldades. Elisa quer a outra mãe dela. Chora alto pedindo a mãe e pergunta por que ela a abandonou. Minha esposa fica nervosa, abraça-a, agrada, e ela fala: "Amo você, mas não é você que quero, mas sim a minha mãe". Falaram-me desse lugar, dessas pessoas que auxiliam, e vim esperançoso.

Enquanto ele falava, entraram na sala uma senhora e uma moça, mãe e filha, que os cumprimentaram, sentaram-se no sofá e ficaram ouvindo. Quando Geraldo parou de falar, se apresentaram. Chegou outro senhor. A senhora, mãe da moça, falou:

— Em lugares onde se recebe ajuda, encontram-se necessitados. Nós duas viemos também em busca de auxílio.

— Vieram ao local certo — falou o homem, que se apresentou como Jérson. — Já vim aqui e fui ajudado. Moro na zona rural perto da cidade. Há dois anos troquei meu sítio por outro maior, pensei que estava fazendo um bom negócio. Mudei-me com a família para este que adquiri, a casa era maior e acomodou todos, estávamos contentes. Tenho quatro filhos e moram conosco meus sogros. Na terceira noite, ouvimos barulhos. Todos nós acordamos. Pensamos que eram ladrões, peguei minha arma, acendi as luzes e não vimos nada. Concluímos que talvez fosse algum bicho no telhado. No outro dia olhamos, procuramos e não vimos nada que pudesse ter feito barulho. Fatos estranhos começaram nos apavorar, portas e janelas batiam, escutamos barulhos que pareciam ser de correntes sendo arrastadas, jogavam pedras na casa. Meu sogro achou que alguém estava tentando nos assustar. Não estava nada fácil, não conseguíamos dormir e, dormindo pouco, estávamos nervosos. Minha filha, na época com quatorze anos, conversou com vizinhos e veio com a notícia de que o sítio, a casa, era assombrado. Minha sogra passou a fazer novenas, a orar, e todos nós orávamos. Mas não resolveu. Ao saber dessas pessoas que atendem nesta casa, vim desesperado pedir auxílio. Recebi a graça, fomos ajudados. A assombração que estava nos apavorando era o espírito de um homem que fora assassinado ali e enterrado perto da casa numa época que a residência não fora ainda construída. O espírito queria que sua ossada fosse enterrada no cemitério. Depois que vim aqui, nada mais aconteceu de assombro no sítio. O senhor Antônio conversou com esse desencarnado e explicou que não importa o que acontece com a vestimenta carnal depois que o espírito a abandona pela morte dela, que ele necessitava perdoar o assassino e ir com a equipe espiritual para um local onde devem ir todos os que tiveram o corpo físico morto. E que lá iria aprender a viver como espírito e a fazer o bem. A ex-assombração entendeu. Eu prometi a ele levar seus ossos para o cemitério. Conversei com um primo, que é policial, e ele e um amigo, com permissão do delegado, vieram me ajudar. Cavamos o lugar indicado e encontramos os ossos que, no começo, julgamos ser de um cachorro, porém logo vimos que eram humanos. Comprei um caixão pequeno, e colocamos, com todo respeito, todos os ossos dentro; levamos à igreja para o padre abençoar e enterramos no cemitério. Fiz todas as despesas. Minha esposa mandou celebrar missas pela alma dele. Ninguém na redondeza sabia de assassinato ocorrido ali e de nenhum desaparecimento. Concluí que devia ser um viajante que, ao passar por aquelas terras, teve um desentendimento, foi morto e enterrado ali. Mas ficamos sem saber o que ocorrera e quem era o homem da ossada. Sabem que conclusão tirei desse acontecido? – Não esperou pela resposta. – Que devemos desconfiar quando o negócio é vantajoso!

Histórias do Passado

– O que escutei de você reforça minha esperança – disse a mãe. – Estamos com tantos problemas!

Escutaram a senhora que os recebia conversar com um homem.

– Senhor, infelizmente não podemos atender sem estar agendado. Recebemos uma quantidade de pessoas por trabalho. Esse atendimento é realizado duas vezes por semana. É urgente?

– Minha esposa tem tido pesadelos horríveis, acorda às vezes gritando, outras molhada de suor, sempre apavorada e não dorme mais depois, sente muito medo.

– Isso ocorre muitas vezes? – perguntou a senhora.

– Pelo menos duas vezes por semana. O fato é que ela não quer dormir mais, e isso tem afetado sua saúde.

– Vou anotar seus nomes e endereço. Traga sua esposa na próxima quinta-feira neste horário.

O homem agradeceu. Jérson explicou:

– Eles atendem um número certo de pessoas.

Olharam para a senhora e a moça, convidando-as, pelo olhar, a contar o que as afligia.

– Estamos vivendo momentos difíceis – falou a mãe. – Minha filha, esta é Cora, tinha um namorado de anos, namoravam desde garotos. Ela sempre foi estudiosa, trabalhadeira, e ele, preguiçoso, repetiu muitas séries nos estudos. Passado o entusiasmo da juventude, em que ao amor basta uma cabana, Cora começou a se incomodar com a atitude ociosa dele, e começaram os desentendimentos. Ela terminou o namoro. Ele não queria se separar dela, insistiu, passou a vigiá-la, persegui-la. Como não deu certo, ameaçou se matar. Falou para amigos, para Cora, que se mataria. Minha filha não reatou o namoro e afirmou que não se casaria. Cora, nessa época, entendeu duas coisas, que não o amava e que não queria sustentar marido. Ele se suicidou. Passamos por uma situação difícil, e Cora passou a se sentir culpada. Engordou e não consegue arrumar namorado.

Quando alguém está interessado, este interesse passa rápido, e o sujeito some.

– Não quero comer! – a jovem suspirou. – Porém, sinto uma vontade irresistível de fazê-lo e em exagero. Estou deprimida e estou tomando remédios fortíssimos, controlados, para conseguir dormir. O pior é que sinto sempre ele perto de mim.

– Foi uma prima minha – contou a mãe –, que mora nesta cidade, que nos falou da ajuda que o senhor Antônio dá, ela marcou para nós esse horário, e aqui estamos.

Chegaram mais três pessoas: um casal e um homem que, embora tenha entrado na sala junto, não se conheciam. Novas apresentações. Os três escutaram partes do relato da mãe e da filha.

– Vim pedir por meu filho que se suicidou – falou Álvaro. – Meu menino tinha dezoito anos. Não me conformo! Nego-me a acreditar que ele não possa ser ajudado. Quero rogar, implorar para que o auxiliem.

– Teve – contou Mário, o homem que estava acompanhado da moça –, na rua em que moramos, um crime bárbaro: o marido matou a mulher, os dois filhos e depois se suicidou. A casa era alugada, o proprietário tirou os móveis, tudo de lá, e fez doação, porque a genitora da mulher morta não quis ficar com nada.

– Por que ele fez isso? – perguntou Cora.

– Saber ao certo, não sei – respondeu Mário. – Houve muitos comentários de que ele traía a esposa e que os dois estavam doentes. Na casa tem uma piscina. Ele deu remédio, sonífero, para os filhos e a mulher e, quando dopados, os jogou na piscina; pela autópsia, ele também tomou, e penso que ele temeu dormir sem se jogar na piscina, então deu um tiro no peito. Nada foi encontrado, nenhum bilhete, mas sim exames, ele estava com aids e, com certeza, tinha contaminado a esposa. Este fato triste comoveu a todos. A casa ficou fechada por algum tempo. Ninguém queria alugá-la. O proprietário me ofereceu para que

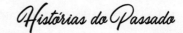

morasse lá por dois anos sem pagar aluguel, somente quitasse o imposto. Nunca dei atenção a histórias de assombração, era descrente. Mudamos para lá, minha companheira e eu, planejamos um dia nos casar. Não deu certo. A casa é boa, confortável, a piscina é espaçosa, é muito prazeroso desfrutá-la nos dias quentes. Mas minha companheira não quer mais ficar na casa, afirma que, desde que fomos morar lá, não se sente bem; queixa-se de dores de estômago, escuta choro, sente cheiro de vela. Pensei em me mudar, porém, não pagando aluguel, estou economizando para comprar uma casa.

A moça que o acompanhava nada falou, somente afirmava com a cabeça, concordando.

A senhora que os recebeu entrou na sala. Roberto, que nada falara até aquele momento, somente escutava, perguntou:

— Os senhores cobram?

— Não — respondeu a mulher. — Atendemos e tentamos ajudar pelo amor ao próximo, pela alegria em servir.

Ela olhou o relógio que estava na parede em frente à porta, faltavam ainda dez minutos para começar. A campainha tocou novamente, a senhora foi atender. Em seguida, entrou um homem muito magro e abatido que, após cumprimentos, perguntou:

— Todos vocês estão aqui para ser ajudados?

— Sim, ajudados e orientados — respondeu Cora.

— Quero muito receber auxílio.

— O que se passa, amigo? — perguntou Jérson.

— Sou casado há vinte e oito anos, tenho três filhos, dois sadios e um deficiente físico e mental. Quando meu filho nasceu, eu o rejeitei, porém, graças a Deus, esse sentimento passou, e o amo. Cuidamos muito bem dele, principalmente minha esposa. Ele se chama João Carlos. O garoto não fala, mas escuta e enxerga; não anda, mexe as pernas, braços e mãos, mas não tem controle. Fica muito na cama, na poltrona e na cadeira de rodas. Tem crises em que se debate e, quando isso ocorre, temos de segurá-lo. Às vezes chora e nos desdobramos em atenção, porque tem dores abdominais, e estamos sempre o levando ao dentista porque seus dentes são fracos e têm várias cáries. Nossa maneira de viver, minha e de minha esposa, mudou bastante desde que João Carlos nasceu, vivemos em função dele. Trabalho para nosso sustento, não nos falta nada. Embora cansado, levanto pelo menos umas três vezes à noite para cuidar dele, isso faz parte da nossa rotina. Porém...

O senhor fez uma pausa, e Cora, curiosa, perguntou:

– O que mais acontece?

– Meu filho mais velho é casado, e tenho dois netos. Minha neta de quatro anos é linda. Eles vão muito em casa, e ela, Laura, gosta de brincar com João Carlos, cuida dele como se fosse um boneco, lhe faz carinho, beija-o, e ele gosta dela, basta vê-la para sorrir. Tudo começou, penso, há dois meses; Laura começou a falar coisas estranhas como: "Ele não quer que eu brinque com João Carlos". "Ele quem?", perguntamos. Laura responde: "Esse homem estranho de cara brava". Ontem, obrigada a ir à minha casa, não quis ver o tio, ficou na sala, e, de repente, gritou, corremos para ver o que aconteceu. A menina explicou que lhe puxaram os cabelos. Minha nora é sobrinha de uma senhora que faz parte desse atendimento e conseguiu que me atendessem.

– Senhores, por favor, venham comigo, mudaremos de sala, por aqui – disse a senhora interrompendo a conversa.

Ela abriu uma porta e, com um gesto, os convidou a entrar. Depararam-se com uma sala de jantar, pelo menos foi essa a impressão de Roberto, que viu uma mesa retangular grande com várias cadeiras e um balcão encostado na parede. Havia duas portas: a por onde entraram e outra, do lado oposto, que estava fechada; na mesa não tinha adorno nem toalha. A senhora foi apontando os lugares, todos se sentaram. Foi então que Roberto percebeu que, sentado na cabeceira, estava um homem e, perto dele, uma mulher. Assim que se acomodaram, a senhora que os atendera fechou a porta e sentou-se ao lado da outra. Uma janela grande estava aberta e, por ela, via-se um corredor. Roberto observou tudo rapidamente. O senhor sentado à cabeceira levantou-se e falou:

– Boa tarde! – esperou as respostas de seu cumprimento e voltou a falar: – Chamo-me Antônio. Estas são: Maria – mostrou a senhora que os recebera –, a proprietária desta casa, que generosamente a cede para nos reunirmos, e Gabriela. Nós três, há alguns anos, esforçamo-nos para ajudar aqueles que nos pedem auxílio. Esta ajuda envolve fenômenos que a maioria de nós não consegue explicar. Minha mãe fazia estes trabalhos, cresci a vendo e aprendi. A vida – deu um sorriso –, ou as circunstâncias, nos reuniu os três. Somos sensitivos, usamos mais facilmente o sexto sentido, somos paranormais. O fato é que podemos ver e conversar com aqueles que já morreram. Isto muitas pessoas podem fazer, mas o certo é aprender a fazê-lo para que seja realizado com segurança. Recentemente, recebemos livros em que um estudioso francês, Allan Kardec, explica o que acontece com esses fenômenos. Ele escreveu essas obras no século passado, mas somente agora viemos a saber que esses fenômenos sempre existiram. Kardec estudou-os, deu nomes e denominou que pessoas como nós três são médiuns, os que estão no meio, ou seja, aqueles que servem de intercâmbio entre os que aqui estão e os que vivem na espiritualidade. Estamos lendo também obras espíritas e espiritualistas e, por elas, estamos obtendo informações. Médiuns são pessoas que têm facilidade para ver, ouvir e falar com espíritos e que, por esse intercâmbio, podem ser orientadas. Estamos interessados em aprender para oferecer essas ajudas em segurança e com conhecimento. Vejo que somente um de vocês esteve anteriormente nos nossos trabalhos. Quando fizeram a inscrição, deram nomes, endereços e comentaram superficialmente dificuldades e problemas que envolvem fenômenos sobrenaturais. Estou explicando para que não fiquem com medo. Porque nossas ajudas envolvem pessoas que morreram e, pelos livros que estamos estudando, são desencarnados. Somos sobreviventes da morte do corpo físico, ninguém acaba, a vida continua, porém de forma diferente. Somos nós todos espíritos e moradores do planeta Terra: uns estão vestindo o corpo físico, são os encarnados; e os outros, desencarnados. E estes desencarnados estão em muitos lugares: em esferas superiores, em cidades espirituais que podem ser chamadas de "colônias", postos de socorro. E estão entre nós: os bons sempre trabalhando, estudando e ajudando; os maus, endurecidos, moram em lugares específicos chamados de diversos nomes, mas prefiro chamá-los de "umbrais", e podem continuar a fazer maldades. Muitos desencarnados estão em situação de perturbação sem conseguir entender o que acontece com eles. Uma pequena parte, porque, como ouviram, podem estar em muitos locais, estão entre nós, uns para ajudar e outros para prejudicar. E por que prejudicar? Uns querem se vingar porque não perdoaram as ofensas; outros, perturbados, querem ficar onde viveram encarnados, não sabem que estão interferindo e trazendo problemas; e outros, infelizmente, sabem e continuam prejudicando os encarnados. Por várias reencarnações, nosso espírito acreditou que um anjo protetor e um capeta, espírito ruim, ficavam perto de nós. Com certeza isso não ocorre. Não existem assim tantos desencarnados maus nem tantos espíritos para ficar perto da gente nos protegendo. Temos, sim, um espírito bondoso que protege não somente a nós mas um grupo imenso e somos nós que devemos nos ligar a ele para receber sua orientação e benção. Deus deu a todos o livre-arbítrio e nos afinamos com quem queremos, a bons ou maus. Somos responsáveis pelo que fazemos. Não devemos esquecer que somos espíritos e que trazemos deficiências morais de outras vivências. Estamos reencarnados para aprender a trocar vícios por virtudes. Normalmente, agimos assim: se tem uma briga em casa, falamos que foi pela influência de desencarnados trevosos; se obtemos sucesso, dificilmente dizemos que foi pela ajuda da espiritualidade. Por que isso? Temos ainda em nós a necessidade de colocarmos a culpa de nossas falhas nos outros. Sim, obtemos ajuda da espiritualidade, porém, esta é muitas vezes diferente da que pedimos. Se queremos passar num concurso, temos de estudar. O que os bons espíritos podem fazer é nos dar calma, equilíbrio, para fazermos o que aprendemos pelo estudo. Numa briga em casa, muitas vezes não tem influência de nenhum desencarnado. Quase sempre queremos fazer prevalecer nossa opinião ou somos melindrosos, ofendemo-nos por qualquer coisa. Existem dois fatos a que devemos prestar atenção: pensar que tudo o que nos acontece é pela intervenção de desencarnados ou ignorar essa influência. Essa influência nociva é que tentamos, pelas nossas mediunidades, anular, ajudando influenciado e influenciador. Peço-lhes que não tenham medo. O que verão aqui é um intercâmbio, as duas médiuns irão falar, repetir, o que escutam, por meio da sintonia mental: o que o desencarnado tem, quer dizer e o porquê dessa interferência que os está prejudicando. Irei conversar com eles tentando orientá-los e ajudá-los.

Antônio fez uma pausa e todos aguardaram em silêncio e com certeza, como Roberto, curiosos e apreensivos.

4º capítulo

O intercâmbio

Maria pegou o livro que estava à sua frente, era uma Bíblia, abriu na página marcada e explicou:

– Sempre, antes de começarmos, fazemos uma leitura da Bíblia, do Novo Testamento, um texto de um ensinamento de Jesus; depois Antônio faz um ligeiro comentário do que foi lido. Fazemos uma oração e, após, conversaremos com os espíritos.

Maria leu compassadamente o texto de Lucas, capítulo 18, versículos de 18 a 25.[1] Refere-se ao jovem que procurou Jesus

[1] Nota do autor espiritual (N. A. E.): Temos também essa passagem nos Evangelhos de Mateus (capítulo 19, versículos de 16 a 24) e Marcos (capítulo 10, versículos de 17 a 25).

e perguntou o que teria de fazer para alcançar a vida eterna. O Mestre respondeu que seguisse os mandamentos. O moço afirmou que seguia e insistiu: "O que ainda falta?". E a resposta: "Se queres ter um tesouro no céu, vende tudo o que tendes e dá aos pobres, vem e segue-me". O jovem se afastou triste, pois possuía muitos bens.

– O importante – elucidou Antônio – é saber, compreender que nada de material é nosso realmente, até nosso corpo carnal um dia voltará à natureza. Bens materiais são transferíveis. O que é nosso é aquilo que, ao deixar o corpo físico morto, nos acompanha para a vida no além, ou seja, o que aprendemos, nossos atos, e estes podem ser bons ou ruins. Porém, se tivermos, durante essa existência, bens materiais, que sejamos administradores e façamos bom uso deles, pensando também que, por meio deles, podemos dar empregos e ter em mente que não devemos ser apegados. Porque, como se diz, estar "apegado" é ficar unido, ligado, e isto é muito ruim. Tenho visto espíritos desencarnados apegados ficarem perto, consequentemente sofrendo, daquilo que erroneamente julgavam ser deles. São os que não conseguiram ser administradores, ter sem serem possuídos. Ser rico ou ser pobre são períodos vividos. Ser rico não é errado, ser pobre não significa acertos. O correto é saber ser, tanto aquele que desfruta de bens materiais como aquele a quem falta até o necessário. Quem vive com desejo de possuir é apegado, escravo daquilo que não possui, mas que almeja ter. Aqueles que nada têm e não desejam exageradamente possuir, a ponto de serem escravos do desejo, são livres e passam com aproveito essa encarnação. Como também pode uma pessoa ter muitos bens financeiros e ser desapegada. O que nos faz ser bons ou ainda estar errados não é o que nos acontece, mas sim o que nós mesmos fazemos, o que somos. Esse jovem rico do Evangelho, penso que não foi capaz de possuir sem ser possuído, ser desprendido. Jesus pediu a essa pessoa que fosse desapegada, mas ela falhou, por isso retirou-se triste. Era possuidora de muitos bens ou possuída? Aqueles que, por quaisquer motivos, possuem riquezas materiais, que não sejam escravos delas, mas libertos. Não fazer da riqueza um fim, mas um meio, ser administrador. E quando, por circunstâncias da vida, perder a fortuna, que feche um círculo para abrir outro. Que tenha, como certeza, que, ao deixar o corpo físico morto, nada de material o acompanhará. E se reencarnarmos e tivermos por experiência a riqueza ou a pobreza, devemos entender que podemos, por escolha, ser livres ou escravos, sabendo possuir ou não.

Antônio fez uma pequena pausa e, vendo todos interessados, continuou elucidando:

— Ao meditar sobre essa passagem evangélica, concluí que não podemos ser possuídos apenas pela riqueza. Esse jovem citado afirmou, e era verdade, ser religioso e cumprir os mandamentos. Será que não era apegado a isso? Orgulhoso de suas virtudes? Do que era e fazia? Pensei e me coloquei no lugar dessa pessoa. Nessa encarnação, tenho a certeza, de que não fiz nenhuma maldade; tenho, desde que fiquei adulto, me esforçado para ajudar os necessitados. Trabalho à noite para meu sustento e o de minha família e, quase todas as tardes, auxilio aqueles que me procuram. Comecei a me sentir orgulhoso do que faço, sou, e percebi que estava possuído por isso. Esforcei-me para entender que não faço nada além de minha obrigação. E aí encontrei o caminho, faço porque tem de ser feito, e o mais importante: amo o que faço. Quando compreendi isso, me senti livre.

Antônio deu por encerrada a sua explicação. Vendo todos acomodados, pediu para Gabriela:

— Por favor, faça a oração para iniciarmos o trabalho de orientação.

— Jesus — rogou Gabriela —, Nosso Mestre e Amigo, nós lhe pedimos que nos ajude neste auxílio que pretendemos fazer.

Que possamos, todos nós, ser orientados, encarnados e desencarnados. Que sejamos receptivos para receber a Sua instrução, para agirmos com acerto. Assim seja!

– Podemos começar. Um desencarnado está junto de nossa companheira. Boa tarde! – Antônio olhou para Gabriela.

– *Não sei por que estou aqui nem por que essas duas vieram. O que faço está feito, e por sinal bem-feito, e vou continuar. Não deixo mesmo ninguém se aproximar de você; se surge alguém interessado, ponho-o para correr. Ficará sozinha: não quis ficar comigo, não será de ninguém.*

– Alfredo? – perguntou Cora com a voz em tom baixo.

– *Sim, sou eu! Quem pensou que fosse?*

– Você não deu sossego vivo e continua não dando nem morto. Afaste-se de nós! – a senhora, mãe de Cora, falou em tom autoritário.

– *Quem é a senhora para mandar?* – a voz da médium dava passividade à manifestação do desencarnado.

– Por favor! – pediu Antônio. – Vocês duas escutem. Eu falarei com esse espírito. No final, quando eu pedir, poderão opinar se ainda desejarem.

– *Bem feito! Estou gostando! É isso aí! Que elas fiquem caladas!* – Gabriela, pela sintonia mental com o desencarnado, repetia o que ele falava.

– Conte o que acontece – pediu Antônio ao manifestante.

– *Morri! Bem, o meu corpo físico morreu, e estou mais vivo que nunca!* – riu. – *Está bom para mim e, ao mesmo tempo, ruim. Bom porque posso estar aqui, ali e em qualquer lugar. Ruim porque queria estar encarnado. Se antes essa senhora, queira ou não é minha sogra, não me deixava entrar na casa dela, agora faço isso facilmente. É minha desforra!*

– Como morreu, desencarnou? Conte para nós o que aconteceu – perguntou o orientador.

– *Não quero falar sobre isso.*

– Suicidou-se? – insistiu Antônio.

– *Sim, todos sabem.*

– Peço-lhe, senhor, que não minta. Não se suicidou!

– *Como afirma isso?* – a médium repetia o que o desencarnado falava.

– Sabemos, por experiência, ao vermos um desencarnado e conversarmos com ele, como foi sua passagem para o além.

– *Se sabe, por que pergunta? Não quero falar sobre isso.*

– Melhor seria para você, não é? – perguntou Antônio. – Passar por suicida para a conseguir obsediar pela culpa que ela sente.

– *É mais fácil!*

– É desonesto.

O desencarnado fez uma pausa para pensar. E quem falou, mesmo sendo pedido para não fazê-lo, foi Cora.

– Sofria pelo remorso! Sofri muito! Agora quero saber o que aconteceu.

– *Não vai saber nada. Morri por você, e não se fala mais nisso.*

– Vai falar, sim! – exclamou Cora. – Tenho o direito de saber!

Antônio a olhou, pedindo para se calar, e ordenou ao desencarnado:

– Fale!

Como não teve outro jeito, o desencarnado falou:

– *Ameaçava me matar sem a mínima vontade de fazê-lo, ou seja, de morrer. Pensei que, se ameaçasse, você, Cora, cederia e voltaria para mim. Falei mesmo que me suicidaria a todos, amigos e familiares, e gostei da atenção recebida, da preocupação deles. Divertia-me, embora sofresse mesmo por você; amava-a e ainda, infelizmente, a amo. Por isso não quero que seja de outro. Faço-a comer para que engorde e não fique atraente e me esforço para afastar seus pretendentes.*

– Como consegue fazer isto? – indagou o dirigente da reunião.

– *Não é fácil: quando elas oram, afasto-me, porque me sinto incomodado e não vou rezar nas missas com elas. O resto é fácil, a velha fica preocupada com a filha, fica sem saber se agiu certo ou não proibindo nosso namoro. Cora, com remorso, faz o que eu quero. Mando! Não vou deixar de fazer isso, não vou mesmo!*

– Como desencarnou? – Antônio, embora com voz baixa, perguntou com firmeza.

– *Caí!* – o desencarnado respondeu.

Sentindo a autoridade moral superior, porque ali, além dos três encarnados, estavam uma equipe de trabalhadores espirituais do bem, o desencarnado foi forçado a falar sem mentir ou omitir.

– *Tinha muito tempo livre. Naquela manhã, fui passear pelo campo. Saí da cidade pedalando minha bicicleta, parei em um local, deixei a bicicleta perto de uma árvore, sentei-me no chão. Vi uma borboleta azul muito bonita. Pensei em pegá-la, com certeza poderia vendê-la a um colecionador, um senhor que morava perto de casa. Ganharia um dinheirinho. A borboleta, voando devagar, foi para o morro, que tinha pouca vegetação e muitas pedras. Por duas vezes, quase que a peguei, e ela foi subindo. Conhecia o local, desde menino ia ali e sabia que era perigoso. Do lado que subia, havia trilhas, e a subida, embora bem inclinada, não era difícil, porém, do outro lado, era um paredão de pedra, de uns vinte metros. Cheguei no topo, a borboleta pousou tranquila num galho de uma planta rasteira do lado do paredão. Raivoso por não ter conseguido ainda pegá-la, em vez de ser cauteloso e reconhecer o perigo, aventurei-me, escorreguei e caí.*

O desencarnado fez uma pequena pausa, todos estavam calados, e se escutavam na sala somente as respirações. Ele continuou falando, e a médium, repetindo:

– *Caí de costas, escutei o barulho, senti-me tontear, não consegui me mexer, senti sangue escorrer pelo rosto e uma dor lancinante por todo o corpo. Por mais que me esforçasse, não me mexia. Tentei gritar, nada, nem gemia. Percebi que era de tarde, concluí que estivera desmaiado. Apavorei-me, logo seria noite, e eu tinha de ser socorrido. Passei uma noite terrível, em que dormia, acordava, sentia dores, sede e não conseguia me mexer. O sol despontou, clareou, e não sabia o que fazer. Costumava me ausentar de casa sem dar satisfação e concluí que nem minha mãe ia se preocupar. Porém, foi ela quem se preocupou. Penso que as mães sentem quando os filhos estão em perigo, e, por eu estar falando muito em me suicidar, mamãe ficou nervosa. Tanto insistiu que fez meu pai e meu irmão saírem para me procurar. Minha mãe foi junto. Sabiam que saíra de bicicleta, indagaram a pessoas pelo caminho se tinham me visto, e uma delas indicou para onde fora. Encontraram minha bicicleta com um garoto que contou onde a tinha achado e mostrou o local. Os três foram para lá, na encosta do morro. Mamãe, aflita, gritou por mim, subiu o morro e, de lá de cima, me viu caído. Senti-me aliviado por ter sido encontrado. Meu irmão contornou a encosta e desceu. Meu pai foi em busca de socorro. Meu irmão se aproximou, passou as mãos sobre mim e gritou: "Mamãe, ele está morto!". E falou baixo: "Miserável! Suicidou-se! Papai e mamãe é que irão sofrer!". Quis falar que estava vivo, mas nem me mexi. Papai chegou com socorro. Constataram mesmo que morrera; embora os escutando, pensava que eles estavam enganados. O delegado chegou com policiais. Eu fiquei desesperado, queria gritar que estava vivo e necessitado de cuidados médicos. Pegaram-me de qualquer jeito, senti muitas dores, me levaram. Vi, de forma confusa, eles me limparem, trocarem minha roupa, colocarem-me no caixão. Escutei, e me apavorei, que o velório seria de duas horas e que então seria enterrado. Foi aí que entendi que realmente morrera. Então falei a palavra mágica: "Deus!". Vi vultos, agora sei que eram socorristas que trabalham no cemitério; aproximaram-se de mim pedindo para ter calma e orar. Esforcei-me para orar, mas o que saiu sincero* foi: "Deus! Deus!". Dormi, acordei num leito limpo, num quarto pequeno. Uma senhora veio falar comigo, explicou que naquela queda meu corpo físico morrera, e, que quando isso acontece, mudamos de plano, mas sobrevivemos, e que agora estava vivendo em espírito. Agradeci e fiquei pensando. Senti meus pais chorando e também Cora. Então quis ficar perto dela e vim. Entendi que todos pensavam que me suicidara e concluí que não podemos falar muito em determinadas coisas porque podemos atraí-las para nós. Foi o que aconteceu. Está satisfeito agora? Contei tudo!

– Você já pensou – Antônio tentava orientar o desencarnado – que de fato pode ter atraído para si algo por tanto falar, por ter feito chantagem? Se não estivesse irado por não ter pegado a borboleta, não teria ido a um local perigoso e caído; não se lembrou de orar, rogar por ajuda.

– Se o tivesse feito, pedido por ajuda, de que adiantaria? Meu corpo já estava morto.

– Poderia ter sido desligado, isto é, ter seu espírito retirado da matéria física morta – esclareceu Antônio. – Agora que aqui está, e isso se deu porque as duas vieram pedir ajuda, vamos auxiliá-las, você irá com esses espíritos que aqui estão.

– Não vou! – o desencarnado alterou-se.

– Na minha casa e perto de mim é que você não fica! – exclamou Cora. – Não mesmo! Se isso ocorreu, você ter ficado perto de mim por eu ter me sentido culpada, a culpa não existe mais. Não aceito você e penso que deveria ter escutado minha mãe e nunca tê-lo namorado. Você realmente não vale nada! Nunca devia ter sofrido por você! Desculpe-me – Cora olhou para Antônio –, necessitava falar, não consigo me controlar. Ele já atrapalhou muito a minha vida!

– Cora – disse Antônio –, mesmo se ele tivesse se suicidado, teria feito essa ação imprudente pelo livre-arbítrio dele. Ninguém tem o direito de forçar outra pessoa a fazer o que ela quer, por chantagem. Você, em determinado tempo, compreendeu que ele não era a pessoa ideal para estar junto. Ele a amava, porém não a ponto de se modificar, ser uma pessoa melhor. Repito, mesmo se ele tivesse se suicidado, você não deveria se sentir culpada. Peço-lhe para não sentir mágoa, não ter raiva; sinta-se agora livre e esforce-se para estar bem fisicamente e espiritualmente. Cuide de você, recomece, e que, nesse recomeço, seja incluído fazer o bem, a caridade. Quero esclarecer que nem toda vontade excessiva de se alimentar é por influência nociva de um desencarnado. Não podemos colocar a culpa de nossas falhas, dos equívocos que cometemos, em outros. Somos livres para aceitar sugestões. Com certeza você, Cora, se sentirá muito melhor depois dessa tarde. Converse com seu médico para diminuir essa medicação controlada que está tomando até que não precise mais dela. Normalmente esses remédios têm como efeito colateral aumento de peso. Quando nos sentimos doentes é prudente que busquemos ajuda médica e cuidar da saúde. Porém, quando sentimos que algo mais está ocorrendo, devemos buscar esta orientação espiritual.

— Meu tio tem insistido que eu o ajude no trabalho que ele faz no hospital, ele é médico. Amanhã vou! – afirmou Cora. – Agora, por favor, o encaminhe. Não vou aceitá-lo mais perto de mim!

— *Será que, ela não me aceitando, eu não consigo mais ficar perto?* – perguntou o desencarnado pelo aparelho fonêmico da médium.

— É difícil – respondeu Antônio –, porque você ficará conosco. Irá para um local onde, por um tempo, será obrigado permanecer. Lá irá aprender muitas coisas e uma delas é ser útil.

— *Trabalhar?! Morto trabalha?*

— Espírito ativo sempre tem muito o que fazer.

— *Não vou!* – manifestou o desencarnado pela voz de Gabriela.

— Não tem escolha. Despeça-se e vá! – ordenou Antônio.

— *Falo somente "até logo". Volto se puder.*

O desencarnado se afastou da médium, e o orientador explicou:

– Esse desencarnado mudará com certeza de opinião; para onde foi levado é muito bonito, moradia de espíritos que fizeram essa mudança de planos. Ficará, como foi agora decidido, por um tempo, depois poderá sair. No momento, sente que não tem outra alternativa e de fato não a tem, porém são poucos os que, depois de um período nesse lugar, voltam a vagar. Vocês duas – olhou diretamente para mãe e filha – não devem, como já pedi, guardar rancor; perdoem, tentem fazer o bem. Se por acaso ele, quando puder sair do local onde ficará por um tempo, voltar, irá encontrá-las modificadas e não poderá mais nada fazer para prejudicá-las.

– Eu prometo! – exclamou Cora. – Prometo mesmo! Quero esquecer tudo isso.

– Eu também! – afirmou a mãe. – Foi um período complicado que fica para trás. Vamos recomeçar, e nenhum recomeço deve ser com mágoas. Mesmo ele não tendo pedido desculpas, vamos desculpá-lo, não é, filha?

– Não quero mais pensar no que passei nem nele. Perdoo, sim!

Antônio deu por encerrada essa ajuda. Olhou para Jérson e perguntou:

– O que se passa, amigo? A equipe desencarnada que conosco trabalha nos ajudando nos informou que não há desencarnados perturbados no seu lar.

– Graças a Deus e aos senhores encarnados, e aos bons espíritos. De fato, não tem mais assombrações no sítio. Queria ajuda para meu filho, que quer estudar e não sabe se dará certo, e também para minha filha, que está querendo namorar um moço e não sabemos se ele é boa pessoa. Queria também auxílio para receber uma dívida.

Antônio pensou por segundos. Roberto teve a impressão e, de fato, ele escutava a orientação de um companheiro espiritual.

– O objetivo – falou Antônio de forma clara e explicativa – dos nossos trabalhos, de nossas reuniões, é ajudar desencarnados, espíritos que estão em locais, prejudicando por querer ou para chamar atenção, e orientá-los. Fatos corriqueiros somos nós encarnados que temos de decidir, resolver. Pensamos que o senhor veio aqui porque confia em nós. Aconselho a decidirem essas questões, vocês mesmos. Se seu filho quer estudar, pois que o faça. Procure obter informações sobre o moço que quer namorar sua filha. Estou lembrando agora de uma passagem do Evangelho[2] em que uma pessoa procurou Jesus para que o Mestre a ajudasse, pois estava envolvida num processo de litígio com seu irmão por causa de uma herança. Seria um pedaço de terra? Uma casa? Era algo material. Essa pessoa havia escutado todo o sermão de Jesus e, com certeza, não pensava em outra coisa a não ser em seu problema. Não se importou com as verdades espirituais, somente se interessava pela matéria. E Jesus lhe perguntou: "Homem! Quem me constituiu juiz ou partidor entre vós?". Jesus sabia que sua resposta ia de encontro àqueles que gostam mais dos bens da terra do que da espiritualidade. Peço ao senhor, junto à sua família, para agirem com bondade e orarem sempre. Porque, quando assim agimos, atraímos afins. Espero que tudo dê certo para vocês.

– Agradeço e entendo – falou Jérson. – Será que posso ir embora? Se for agora, viajarei no trem das dezessete horas e chegarei em casa antes da noite.

– Pode, sim. Gabriela, por favor, acompanhe-o até o portão. Alguém mais quer sair?

---

[2] N. A. E.: A passagem a que Antônio se referiu está no Evangelho de Lucas, capítulo 12, versículo 13. E convido o leitor a ler até o versículo 21. "Então um homem lhe disse do meio da multidão: Mestre, dizei a meu irmão que reparta comigo a herança que nos coube. Mas Jesus lhe disse: Homem, quem estabeleceu que eu pudesse ser juiz ou fazer vossas partilhas? Depois lhe disse: Tendes cuidado para guardar-vos de toda a avareza; pois em qualquer abundância que o homem esteja, sua vida não depende dos bens que possui." (Jesus, em seguida, fala da parábola do homem rico que, depois de ter guardado seus bens, desencarnou.)

Ninguém mais quis. Jérson e Gabriela se levantaram e, logo, ela regressou e se sentou no lugar em que estivera antes.

Maria mexeu na cadeira, bateu de leve a mão na mesa.

– Boa tarde, amigo. Quer falar conosco? – perguntou o orientador.

– *Boa tarde! Não, não quero falar com vocês. Trouxeram-me aqui. Não vim porque quis. Não estou gostando. Não depois que ouvi aquele outro falar. Tudo é novidade para mim. Falo, e essa senhora repete.*

– Isso é um intercâmbio mediúnico – explicou o doutrinador, que parecia escolher as palavras.

Roberto entendeu que o grupo devia estar mesmo estudando as obras que citara. Os três trabalhavam com o mediunismo e estavam com certeza aprendendo termos novos e corretos.

– Por que estão lá os incomodando?

– *A história é longa!* – falou Maria, que servia de intermédio para o intercâmbio mediúnico. – *Esses três companheiros e eu estamos querendo nos vingar.*

– Deduzo que de quem querem se vingar não lhes fez maldades nesta encarnação. Foi então em outra? – perguntou Antônio, que não somente orientava o desencarnado que se manifestava como os outros três que estavam perto.

– *Dedução correta.*

– Sabe então que nosso espírito volta muitas vezes a animar um corpo físico?

– *Sei, e que esse corpo é diferente* – respondeu o desencarnado. – *Antes ele era prepotente, forte e bonito. Agora é nada, um deficiente necessitado de tudo. Se soubessem o que ele fez, penso que nem a mãe ou o pai aqui presente cuidariam dele. A garotinha não tem de agradá-lo. Ela o perdoou, esqueceu quando veio nascer de novo. A menina não pode fazer isso! Como perdoá-lo?*

– Você com certeza não precisa de perdão. Nunca fez nada de errado?

O desencarnado não respondeu. Antônio o deixou pensar e depois falou:

– Estão sendo mostradas a vocês quatro das suas vivências anteriores, e essas últimas, em que sofreram e que são causas de suas revoltas. Vamos, pensem! As lembranças estão em vocês, em suas mentes.

– *Não!* – exclamou Maria em tom de voz mais alto, dando a entender que o desencarnado estava gritando. – *Não fiz isso!*

– Pois fez! Recordem-se! Vocês quatro cometeram atos cruéis. Erraram e sofreram por isso. Voltaram à matéria densa do corpo físico, e a lei do retorno se fez para vocês. Quem com ferro fere com ferro será ferido.

– *Meu Deus! Como pude fazer isso!* – o desencarnado demonstrava estar surpreso.

– Não continua fazendo maldade? – perguntou o orientador de forma carinhosa.

– *Sinto que é verdade o que recordo. Sentimos. Esse meu companheiro está me dizendo que tinha lances dessas lembranças, mas tentou ignorar. É real! Fiz muitas crueldades.*

– E quando sofreu algo parecido...

– *Não entendi* – interrompeu o desencarnado –, *resolvi me vingar.*

– O que sofreu foi para que aprendesse, não só você, mas também seus amigos, a não fazer mais maldades. Queimar os outros não nos dói, mas, quando somos queimados, sentimos a dor.

– *E agora?*

– Oferecemos, a vocês quatro, ajuda. Deixem tudo, peçam perdão para serem perdoados e perdoem.

– *Revoltamo-nos com o sofrimento* – expressou o espírito através da médium. – *Terei de sofrer de novo?*

– Reagimos diferente diante da dor. Uns compreendem, como essa menina, perdoam as maldades recebidas e passam a amar aquele que foi seu agressor. A dor, seja causada por doença ou maldades recebidas, é para ser compreendida e aproveitada como aprendizado para não se repetir o mesmo erro ou não errar mais. Outros, sentindo-se somente vítimas, recusam-se aprender. O conhecimento não é adquirido somente pela dor, existe o amor. Aprendam vocês quatro pelo amor que neste momento lhes está sendo oferecido e venham conosco estudar as lições de Jesus e passar a ajudar os que sofrem.

– Estou chocado! Continuei sendo mau! Quis castigar meu carrasco, e ele já sofre bastante. Sinto medo de voltar como ele, na carne, quando tiver de reencarnar.

– Mude, irmão, passe a fazer o bem – aconselhou-o Antônio. – O bem anula os erros que fizemos. Quando revidamos uma ofensa, fazemos outra, e corre-se o risco de virem outras de ambas as partes. Se recebo uma maldade e faço outra maldade, só aumentam as maldades do mundo, e pode acontecer de ocorrer uma reação em cadeia, e ofensa daqui, ofensa de lá, somente pioramos o que há de negativo. O mal é neutralizado pelo bem. Somente poderemos melhorar nosso planeta quando passarmos a fazer o bem a quem nos fez mal, a amar o ofensor e, de jeito nenhum, sermos o ofensor. Agora vocês quatro, entendendo que não devem mais revidar, meditem sobre o exemplo de quem perdoou e está fazendo o bem àquele que lhe fez mal, porque entendeu que o sofrimento recebido ou foi reação de atos indevidos anteriormente praticados ou uma prova para que perdoasse e amasse o carrasco. Amem, irmãos, e terão a paz que almejam.

Antônio fez uma pequena pausa e continuou elucidando:

– Muitas vezes dizemos que perdoamos; de fato, sentimos que realmente o fizemos. Porém, se voltarmos a estar perto do desafeto é que provaremos que, além de perdoar, amamos.

Como a mãe desse moço deficiente e a sobrinha, neta desse senhor, perdoaram e estão provando que amam. Vocês, irmãos, já pensaram que esse sentimento ruim inunda quem o sente de trevas, independentemente se a pessoa que nos prejudicou mereça ou não? Sentindo ódio, torna-se pior e piora o ambiente em que está. Porque, se tornando negativo, enche-se de trevas, prejudicando primeiro a si mesmo. Quem fere é ferido muito mais. Quem faz mal a alguém é malfeitor. Pode ser que o alvo da ira, mágoa, não seja atingido, porém é certíssimo que quem cria a energia de ódio e vingança é atingido por essa negatividade. Ódio é treva, amor é luz. A luz sempre atua positivamente, e o positivo elimina o negativo. Por isso que Jesus insistia tanto: Ame! Digo a vocês desencarnados envolvidos nesta obsessão e a todos: tentem, esforcem-se para seguir esse ensinamento do Mestre Nazareno: "Amai os vossos inimigos!".

– *Se eu perdoar, Deus irá me perdoar. Concordamos, vamos com os senhores, quero me desculpar com todos que prejudiquei.*

– Até logo, amigos! Que Deus os proteja! – o doutrinador desejou com sinceridade.

Maria abriu os olhos, e Antônio, olhando para o senhor que viera pedir pela família, esclareceu:

– Seu filho João Carlos hoje foi libertado, estará mais tranquilo, e as crises com certeza escassearão. Sua neta voltará a querer ir à sua casa e brincar com o tio. Leia em seu lar o Evangelho, faça orações em voz alta, convide sua esposa para participar e faça isso ao lado de seu filho doente. O espírito dele entenderá e o garoto ficará mais sereno.

O homem se emocionou, enxugou o rosto banhado de lágrimas e exclamou:

– Deus lhe pague! Muito obrigado!

Por trinta segundos ficaram em silêncio.

5º capítulo

Continuação do trabalho

— Vocês — Antônio apontou para o casal que viera pedir ajuda pela casa em que moravam estar assombrada —, peço-lhes, e peço a todos, que orem para o espírito que se manifestará. Gabriela falará para que ouçamos. Boa tarde!

Gabriela, que estava imóvel, continuou e se esforçou para falar:

— *Onde estou? Por que saí de casa? Não posso sair, meu marido e filhos podem voltar. Tenho de esperá-los.*

— Senhora, está aqui para conversarmos. Será rápido. Não está estranhando o que está acontecendo no seu lar?

– *Não o conheço e não gosto de conversar com estranhos. Meu esposo pode não gostar.*

– Responda, por favor, o que lhe perguntei – insistiu Antônio.

– *Agora estou vendo, aquele casal ali, eles estão sempre na minha casa. Não os quero lá! Eu insisto e quero pedir ao senhor para que ordene que saiam do meu lar.*

– Por favor, senhora, peço que olhe, observe, primeiro a si, depois essas pessoas de pé e agora as sentadas. São diferentes?

– *São. Por quê?* – a desencarnada perguntou através do aparelho fonador de Gabriela.

– Todos nós somos espíritos, uns estão revestidos do corpo carnal, outros não. São, como estamos estudando, encarnados e desencarnados.

– *Com carne e sem carne. Muito estranho. Mas não estou interessada nesse assunto. Quero voltar para casa e não sei como. Por favor, me leve.*

– Senhora – o doutrinador tentava fazê-la entender sem chocá-la –, compare seu corpo, veja com o de quem se parece.

– *Meu Deus! Pareço-me com esses que o senhor falou que não vestem o corpo de carne. O que está acontecendo?*

– Seu corpo físico parou suas funções.

– *Ele morreu? Eu morri? É isso que quer me dizer?*

– Todos nós morremos um dia. Todos!

– *Sei, mas não eu!* – a desencarnada suspirou e a médium também.

– Por que não?

– *Se tivesse morrido, teria sabido. Não estava doente, não sofri nenhum acidente, nada que justifique essa hipótese.*

– Vamos lembrar – pediu Antônio. – É noite, você está com os filhos na sala. Há dias que está preocupada com seu marido, porque ultimamente ele está calado e aborrecido. Ele vai à cozinha e traz copos com suco. Alegram-se com o agrado. Você e as crianças tomam.

– Sim, alegrei-me com o gesto dele.

– E depois o que aconteceu? Vamos, pense! Recorde-se!

– *Dormi sentada no sofá* – a comunicante falou compassadamente, e Gabriela fielmente repetiu. – *Nunca antes fiz isto. Acordei, parecia que estava molhada. Escutei alguém me falar que morrera. Fiquei ali e estive confusa. Meu marido foi embora com meus filhos. Preciso ir para casa para esperá-los; se eles voltarem e não os encontrar, pensarão que não os esperei.*

– Por favor, senhora, não se afobe. Peço-lhe que pense. Dormiu no sofá, acordou sem saber o que acontecera, sentiu-se molhada, alguém lhe disse que morrera, está aqui e viu a diferença de seu corpo com aqueles que estão sentados.

– *É confuso! Diga sem rodeios o que aconteceu. Estou ficando nervosa* – pediu o espírito que estava sendo orientado.

– A senhora morreu! Seu corpo de osso e carne faleceu e, como não acabamos, continua viva em espírito.

– *Por isso que meu esposo foi embora com meus filhos? Eu morri, e ele se mudou. Morri de quê?*

– A senhora não viu, por isso não pode se lembrar. Mas sabe, no íntimo, em espírito, o que ocorreu.

– *Estou vendo, tomamos o suco, as crianças e eu, dormimos um sono profundo, fomos sedados. Vejo meu marido nos olhando. Em dois momentos ele enxugou o rosto, suor e lágrimas. Pegou-nos, um por um, e jogou na piscina. Nada senti. Afogamo-nos. Meu Deus! Morremos afogados!* – a desencarnada chorou.

Os presentes, tanto encarnados como desencarnados, que acompanhavam o relato daquele espírito, sentiram sua dor. Antônio se manteve tranquilo, esperou uns segundos, e falou com tom carinhoso, expressando realmente a vontade de ajudar.

– Senhora! Isso de fato ocorreu. Seu marido, julgando ser o melhor para vocês, os matou. Tem o direito de saber o que aconteceu. Seu esposo a traía e, numa dessas traições, foi contaminado pelo vírus da aids. Quando soube, a doença já se manifestava;

sabendo que, no momento, não há cura e que tinha passado o vírus para a senhora, pensou que os dois iriam morrer e deixar órfãos os filhos. Não tendo parentes a quem confiá-los, julgou que o melhor para eles era morrer todos juntos antes de vocês ficarem enfermos. Planejou e executou. Ele se matou após tê-los assassinado.

– *Morremos todos? Por que somente eu fiquei na casa? Onde estão os outros? Meus filhos precisam de mim. Quero-os!* – a desencarnada chorou novamente.

– Seus filhos foram socorridos assim que seus corpos físicos morreram, isso ocorre sempre com crianças, e elas estão num local bonito e bem. Seu esposo é homicida e suicida, foi levado para um local próprio, onde, pela dor, entenderá que agiu errado e, quando se arrepender, lembrará de Deus e rogará pelo perdão, sendo assistido por um espírito bondoso que trabalha em auxílio desses desencarnados que agiram assim tão imprudentemente e que o socorrerá no momento devido. Ele aprenderá a pedir por ajuda, a orar e confiar em Deus. Não fez isso encarnado e errou muito. Primeiro, ele deveria ter lhe contado sobre a doença, ter sido resignado, aceitado a dificuldade e tentado encontrar a solução para o problema. Com certeza, vocês dois achariam solução para os filhos, que ficariam órfãos. A senhora ficou ali na casa porque se iludiu, não acreditou quando escutou que havia morrido, não aceitou o socorro oferecido. Recusou-se a acreditar na verdade. Também porque, para a senhora, a morte era para os outros, não se preocupava com esse fato, não era religiosa, não orava.

A desencarnada escutava atenta, concordou se lamentando.

– *O senhor não mente! Isso ocorreu. Mas quero mudar. Por Deus, deixe-me ver meus filhos!*

– Isso ocorrerá – afirmou Antônio. – Primeiro você será levada para um local onde será auxiliada e, assim que estiver bem, será levada para vê-los. Você perdoa seu esposo?

– *Como?! Perdoar?*

– Sim, você precisa perdoar – insistiu o doutrinador.

– *Ainda não entendi direito o que ele fez. Estou sabendo agora que ele nos matou. O senhor disse que meu esposo está sofrendo. Sei que suicidas vão para o inferno. Não sabia que alguém que morrera poderia ficar, como eu, na casa em que morava. É muita informação. Por que tenho que perdoá-lo?*

– Porque ele tirou você e seus filhos da roupagem física – respondeu o doutrinador.

– *Para que não ficassem órfãos. Mas eles não estão nesse lugar que falou como órfãos? Lá não têm pai nem mãe.*

– Estão sendo bem tratados.

– *Mas sem mãe!* – ambas, encarnada e a orientada, numa sintonia mediúnica, suspiraram. – *Não é uma ironia? Matou para que não ficassem órfãos, mas são. Quero entender, pensar para depois perdoar.*

– Somos perdoados conforme perdoamos. Para ficar com seus filhos, não pode sentir rancor.

– *Faço qualquer coisa para revê-los. Perdoo!*

– Necessita ser de coração – aconselhou Antônio.

– *Talvez venha a entender a razão dele. Traiu-me! Prometo ao senhor pensar no meu esposo com carinho, desejando que ele fique bem, vou perdoar. Mas quero meus filhos.*

– Tudo bem. Vá com esses amigos, esforce-se para se sentir melhor, seus filhos querem a mãe alegre e sadia.

– *Vou fazer tudo o que me for recomendado. Serei obediente* – prometeu a desencarnada. – *Estou saudosa e aguardarei o momento de vê-los com esperança. Se o senhor puder, me responda: eles sabem que o pai os matou?*

– Ainda não. Pensam que foi um acidente, que se afogaram na piscina mesmo sabendo nadar porque passaram mal. Eles irão saber no momento certo, por isso a senhora precisa perdoar de coração para ensiná-los a fazê-lo.

— *Obrigada!*

A desencarnada foi afastada da médium, e Antônio explicou:

— O casal pode voltar para casa, nada mais os incomodará. Orem por essa família.

— Ela poderá mesmo ver os filhos? — perguntou Cora, que, como todos ali presentes, sentiram muita pena daquela mãe.

— Sim, ela os verá e até poderá ficar com eles, mas, para isso, terá antes de se melhorar, estar mais equilibrada.

— Como reagirão essas crianças quando souberem que o pai as matou? — indagou a mãe de Cora.

— Crianças entendem normalmente melhor do que os adultos, elas aceitam a desencarnação com mais facilidade, a mudança de plano, porque não estão ainda tão apegadas aos seus corpos físicos nem à matéria. Elas estão bem, num lugar no Plano Espiritual onde ficam crianças. Será muito bom verem a mãe e estarem com ela.

— Será que essa senhora, depois de pensar no que aconteceu, não sentirá ódio do esposo? — Geraldo quis saber.

— Na casa em que será abrigada, escutará muito sobre a necessidade de perdoar; ela, perdoando, se sentirá bem. Penso que, pelo amor aos filhos, por querer estar com as crianças, ela não guardará rancor. Esperamos que isso aconteça e que fiquem bem.

— Se o casal aqui — Roberto apontou os dois — não viesse pedir ajuda, essa senhora ficaria confusa lá sem ser socorrida?

— Todos nós — respondeu Antônio esclarecendo as dúvidas —, em qualquer local e plano em que estejamos, ao nos tornarmos receptivos, receberemos ajuda, orientação. Penso que essa senhora um dia lembraria de orar, clamar por auxílio, isto é, ser receptiva, e aí seria socorrida, auxiliada. Sua permanência ali iria depender dela. Sabemos que muitos desencarnados ficam por anos, outros por meses ou dias, em determinados lugares. Realmente, depende da pessoa.

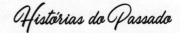

Antônio olhou para Maria e cumprimentou o espírito que estava perto dela:

– Boa tarde, senhora!

A médium bateu os dedos na mesa. Roberto arrepiou-se, parecia ter visto as unhas vermelhas. O barulho cessou e a médium respondeu, repetindo pela sintonia mental o que a desencarnada queria.

– *Boa tarde! Sou eu, Roberto. Sua ex-esposa. Ainda bem que veio, preciso lhe falar.*

– Por que nos assusta? – Roberto perguntou.

– *Para chamar sua atenção. Não percebe que está sendo traído? Bem... quem trai é traído. É sempre assim, antes e depois.*

– Perdoe-me, era jovem... Não tem justificativa. Desculpe-me. Hoje entendo que não agi certo – Roberto tentou se justificar.

Roberto, mesmo que tivesse sido recomendado não falar, o fez, e Antônio não comentou.

– *Ambos precisamos de desculpas* – falou a médium, repetindo o que a comunicante dizia.

– Como? Você me traiu?! – exclamou Roberto admirado.

– *Sim* – respondeu a desencarnada, Sueli, pela psicofonia.

Roberto pensou rápido e concluiu ou encontrou a solução de um problema que há tempos o atormentava. Renata era parecida com Milton.

– Renata? – balbuciou.

– *Sim, não tenho por que mentir. Espero que não prejudique a menina!*

– Nunca! – saiu sincero de Roberto. – Você sabe que não faria isso.

– *Tanto sei que falei.*

– Senhor – Antônio se virou para Roberto –, deixe que agora eu converso com esse espírito.

– *Espírito!* – exclamou o manifestante através da médium. – *Sim, sei que morri etc. O fato é que quis chamar atenção. Pedi* autorização para ajudar, tive, porém, confesso que ainda não sei direito o que posso fazer. Não cumpri as normas, a emoção fez com que eu me excedesse. Terei de me desculpar ao voltar ao local onde estava, um posto de socorro, uma casa de abrigo a desencarnados. Tudo começou quando você, Roberto, trouxe para casa, meu ex-lar, do qual tanto cuidei, uma impostora. Não é ciúmes! Nós dois não nos amamos. Se fosse somente isso, tudo bem. Você tem direito de estar com quem quer e merece. Mas o fato é que essa mulher é obsediada. Um desencarnado com ódio quer se vingar dela. Esse espírito tem uma razão que julga estar correta. Essa moça veio de longe para recomeçar, não ser reconhecida, e com a mãe: sim, a empregada dela é sua genitora. Em mãe se pode confiar. E veio também o amante. O trio está sempre tentando dar golpes. Nessa outra cidade, que é longe, onde moravam, Cacilda casou-se com um viúvo, esse homem era idoso. Querendo se tornar viúva e receber a herança, ela e a mãe trocaram os remédios dele, tentando abreviar a vida do esposo, mas, como ele demorava para morrer, ela o sufocou com um travesseiro. Porém, se deu mal. Quando esse homem enviuvou, passou tudo para os filhos, somente estava usufruindo do dinheiro. Viúva, essa mulher impostora não recebeu nada e foi banida da casa pelos três filhos desse senhor, que não gostavam dela. Resolveram os três ir para longe e dar outro golpe. O espírito do marido morto veio atrás, é ele que a persegue, a faz ter pesadelos, tenta sufocá-la, não eu. O que tento fazer é bater os dedos, esforçar-me para que vejam minhas unhas e sentirem o perfume. Fiz tudo isso para você procurar auxílio. Porque não consigo impedi-lo de entrar na casa. Esse espírito está perturbado e é rancoroso. Quer prejudicá-lo pelo simples fato de estar com ela. Renata, mais sensível, é que tem me preocupado. Da última vez que minha filha esteve em casa, esse espírito maldoso percebeu que nossa menina pode o sentir, é sensitiva, está planejando prejudicá-la. Ele sabe como fazer, *prejudicar encarnados, isso é obsessão. Resolvi vir, sair do local onde estava, e tentar ajudar. Porém, não consegui, é difícil para mim afastar aquele desencarnado do nosso lar, ou seja, de sua casa, porque ele julga que necessita corrigi-la, castigá-la. Eu não quero que essa mulher mate você, Roberto; nossos filhos necessitam do pai, e logo terá mais um para cuidar, não irá demorar para entender. Agora, sabendo o que está acontecendo, posso ir embora, não tenho mais o que fazer na fazenda. Rogo aos senhores, trabalhadores do bem deste local, que tirem da casa aquele desencarnado que não tem moral e que só pensa em maldades. Ele fez muitos atos cruéis quando encarnado, e sua desencarnação foi uma reação, ele matou sua primeira esposa. Recebeu o retorno de suas maldades, mas ele não pensa assim, quer somente se vingar, foca no que recebeu e não no que fez.*

– A senhora – falou Antônio – explicou o que acontece na casa, com certeza o senhor aqui presente tomará as providências. Esse desencarnado que está lá perturbando ficará onde essa mulher estiver. Os dois precisam se entender. Se Roberto quiser continuar com essa senhora, que marque outro horário e que ela venha junto para um outro atendimento. Espero que você, amiga, continue seus estudos, fazendo o bem e onde estava. Precisa que a levem ou sabe voltar sozinha?

– *Sei ir, obrigada. Agradeço por esse intercâmbio. Essa é a maior caridade que recebi e que vi. Rogo a Deus que essa ajuda se espalhe. Deus lhes pague! Compreendo que, quando pedimos para Deus pagar um benefício que recebemos, pedimos mesmo o retorno do ato caridoso. Com sinceridade, desejo o bem aos senhores que dispõem de seu tempo para estar aqui para auxiliar. Roberto, procure fazer, como sempre, tudo com raciocínio e bondade. Confio em você. Se me pediu desculpas, tem de desculpar!*

– Tudo em casa ficará como antes. Sinto-me aliviado com suas desculpas; o resto, que vim a saber aqui, tentarei compreender.

Quero ser seu amigo. Pode confiar, não farei nada que prejudique alguém.

– *Até mais*!

A médium aquietou-se e se acomodou na cadeira. Roberto suspirou. Antônio o olhou e recomendou:

– Espero também que o senhor aja com compreensão, calma e que não faça nada que resulte em mal a você.

– Agradeço por tudo e pelo conselho. Não vou errar – afirmou Roberto.

Antônio se virou para Geraldo, o que fora para pedir pela filha, por ela estar se recordando de sua vivência anterior.

– Senhor, foi pedido para esse espírito, que tem visitado sua filha, ele foi genitor dela em sua outra existência, não fazê-lo mais, e ele entendeu. Esse desencarnado sente remorso, quer ajudar, porém a menina o vê e se recorda das violências que sofreu. Ele prometeu que não a visitará mais. Nosso espírito volta muitas vezes em corpos físicos diferentes para um novo recomeço, reencarnamos muitas vezes, e isso nos explica os diferentes modos de viver. Muitas pessoas querem, curiosas, saber quem foram e o que fizeram em suas outras vivências e não se recordam de nada. Algumas pessoas têm certas lembranças, outras mais. Porém, Deus, nos dando sempre novas oportunidades, o fez com perfeição, como tudo o que criou, e nos deu o esquecimento. Porém, basta nos interessarmos pelo assunto, pensarmos, para que muitos fatos sejam explicados por nossa volta em outros corpos físicos e os acontecimentos de nossa vida. Analisando de maneira geral, indagamos. Por que uma criança ser deficiente? Por que nascer com tantas sequelas que causam dores? Somente conseguimos entender, encontrar explicações, pela compreensão da Lei da Reencarnação. Pela bondade de Deus, não há castigo eterno nem para esse espírito que tirou sua família da vida física, que foi homicida e suicida: um dia ele será socorrido e talvez reencarne em situação complicada na

tentativa de aprender a não cometer mais erros. Sua filha, por algum motivo, recorda-se de sua encarnação anterior, e isso não está sendo bom para ela. Agora, nessa reencarnação, essa criança é amada e bem cuidada.

– Sim, minha esposa e eu amamos nossos filhos e, tudo o que podemos, fazemos por eles – respondeu Geraldo.

– O senhor pode trazê-la aqui essa noite? Às dezenove horas?

– Posso, sim – concordou Geraldo.

– Nós três lhe daremos um passe, ou seja, uma energia e, por essa energia, faremos que o cérebro físico dela esqueça o passado, sua encarnação anterior.

– Será muito bom. Obrigado.

– Com certeza – explicou Antônio –, conseguiremos, como já conseguimos, fazer, principalmente com crianças, pessoas esquecerem a vivência anterior para, em harmonia, viverem esta encarnação. Porque podem ser perturbadoras certas lembranças, principalmente na fase infantil, em que não se tem ainda discernimento para separar uma da outra, a vida atual da anterior.

Após uma ligeira pausa, Antônio voltou a falar:

– Senhor Álvaro, veio aqui pedir por seu filho?

– Sim, senhor. Quero rogar, implorar que o ajude. Estou aqui atento, escutando todos na esperança de escutar meu filho. Prestando atenção naquela senhora que foi assassinada pelo marido, que se suicidou, pelo que entendi, ele sofre num local que não é bom, estou com vontade de chorar. Não quero meu filho no inferno!

– Senhor – falou Antônio com voz carinhosa –, como pai não castigaria seu filho a um tormento sem fim, não podemos pensar que Deus Pai faria isso. Nossos atos nos pertencem, bons ou ruins, e, quando desencarnamos, esses atos nos acompanham. Com certeza, seu filho agiu errado, mas não é por isso que terá um castigo sem fim. Para nós, isso não existe, tudo é temporal e modificável. Espíritos bondosos, que trabalham conosco neste atendimento fraterno, foram ver o que se passou, a causa, que tanto os tem preocupado. Seu garoto era homossexual. Teve um namorado, separaram-se, e ele estava deprimido. Colegas de escola souberam e o chantageavam, pedindo lanches, coisas dele. Com medo de que soubessem, a família, fugiu do problema que, para ele, estava muito difícil. Suicidou-se. Quis acabar com suas dificuldades. Não pensou em morrer. Tanto que sofre querendo voltar para enfrentar os problemas.

– Homossexual? – o pai perguntou decepcionado, demonstrando estar sofrendo.

– Percebe, amigo – Antônio tentou explicar –, o porquê desse garoto temer tanto suas reações a ponto de não querer enfrentá-las? Por que tanto preconceito? Por que deixar o preconceito ser maior do que o amor?

– Agora já foi... Ele morreu! – suspirou o pai se lamentando.

– Não, o problema ainda existe – falou Antônio. – Seu filho fugiu erroneamente da dificuldade, não fuja o senhor também. Ame seu filho, ele precisa do amor de vocês. Aceite-o e depois o perdoe. Ele quis livrá-los de um sofrimento, sem entender que lhes causou, com sua morte, um maior. Se ele, mesmo desencarnado, sentir-se aceito, perdoado, e se pensarem que ele está bem, assim ficará. Vá para casa, conte à sua esposa e filha, leiam o Evangelho, orem, façam um propósito de aceitá-lo, amá-lo, perdoá-lo e queiram que seja auxiliado. Pense no seu filho quando ele fez treze anos e estava contente, ainda não sabia o que ocorria com ele, porque, assim que compreendeu, passou a sofrer. Seu menino ficará como pensarem, estará bem para viver no Plano Espiritual e aprender a ser útil. Por favor, não tentem achar culpados. Passou! Não podemos mudar os acontecimentos passados, mas podemos, pela compreensão, amenizar as dores do presente.

Antônio fez uma pausa e explicou:

– O corpo que usamos agora, físico, é para estarmos encarnados e, quando este morre, para suas funções, desencarnamos. Para viver no Plano Espiritual, usamos outro corpo, que chamamos de "perispírito", e este é modificável; podemos modificar o perispírito desse jovem fazendo com que se pareça como quando tinha treze anos. Ele não se esquecerá do que aconteceu, porém não sentirá mais a dor do desespero de seu ato impensado. Podemos fazer isso doando energia a ele, pedindo que pense nele na idade sugerida. Conseguiremos fazer isso e ter um bom resultado se os envolvidos, ou seja, familiares, principalmente os pais, pensarem nele antes do problema que o afligia. Conseguimos, também, fazer isso, porque ele está se arrependendo. Esse moço realmente queria se livrar de uma dificuldade e não afligir a lei de Deus. Modificar o perispírito daquele senhor que se suicidou e é homicida não é possível no momento, porque ele planejou seu ato imprudente, não confiou em Deus, não deu direito de escolha à esposa e aos filhos e ainda não se arrependeu. Cada caso é, de fato, um caso, e todos são especiais.

Antônio fez uma pausa, olhou para todos e completou sua explicação:

– Por favor, não estranhem nós não tentarmos ajudar a todos. Infelizmente, a maioria quer se livrar dos sofrimentos, sem, contudo, se arrepender e, para nossa tristeza, continuar errando sem receber as consequências. Minha mãe dizia sempre que muitas pessoas a procuravam para se livrar da ressaca, querendo continuar bebendo. Não se convenceram ainda que agiram indevidamente. Isso ocorre também com desencarnados. No corpo físico, suponho que estamos com uma espécie de tampão que não nos deixa ver, entender o que somos. Parece que, após a morte desse corpo carnal, é removido esse tampão e enxergamos a realidade espiritual, porém nem todos sentem assim, tanto que muitos nem conseguem entender que estão vivendo em planos diferentes. Para os atentos, os que querem aprender a ser bons, penso que talvez seja mais fácil compreender a realidade da vida. Enquanto durar nosso endurecimento, dura a culpa e recebemos a reação. Enquanto existir a maldade persiste o mal. Muitos desencarnados necessitados, pedintes, não pedem uma nova reencarnação para reparar seus erros e querer acertar, pedem alívio. Enquanto estivermos na linha da maldade, não há como não sofrer desse reflexo. Não mudamos nossa maneira de pensar depois da morte, continuamos os mesmos até partir de nós uma mudança melhor. Essa mudança é possível, estejamos no Plano Físico ou Espiritual, basta querermos, depende de nós. Enquanto o ser humano não compreender, continuarão os males, sem ou com o corpo físico. Nossa reunião terminou, espero que todos tenham sido auxiliados e saiam daqui se sentindo bem. Maria, por favor, faça uma oração.

Maria abriu um livro e explicou:

— Como Antônio falou, estamos estudando os livros de Allan Kardec e no final deste, *O Evangelho segundo o espiritismo*, no capítulo vinte e oito, item sete, temos a prece para o final da reunião: "Agradecemos aos bons espíritos que vieram se comunicar conosco; rogamo-lhes para nos ajudar a colocar em prática as instruções que nos foram dadas, e que cada um de nós, ao sair daqui, se sinta fortalecido para a prática do bem e do amor ao próximo. Desejamos igualmente que suas instruções sejam proveitosas aos espíritos sofredores, ignorantes ou viciosos que puderam assistir a esta reunião e para os quais suplicamos a misericórdia de Deus".

Os três, Antônio, Gabriela e Maria, se levantaram.

— O senhor não cobra nada. Tem alguma instituição de caridade que possa recomendar para contribuir? — perguntou Roberto.

— Quando escutamos isso — respondeu Antônio —, digo: faça o senhor a caridade que lhe é devida. São muitos os necessitados. Quem quer auxiliar encontra como fazer e o que tem de ser feito.

Todos agradeceram e se despediram dos três. Saíram. Maria os acompanhou até o portão.[1]

---

[1] N. A. E.: Reuniões mediúnicas, como a que ocorreu nesta história, são feitas ainda em certos locais, em alguns, os encarnados não podem interferir e não se sentam à mesa. Como Antônio falou, eles estavam começando a estudar os livros de Allan Kardec, aprendendo termos que antes desconheciam e, com certeza, a fazer o trabalho de desobsessão e orientação a desencarnados de maneira adequada. Fatos de mediunismo são relatados por vários povos, e muitos são bem antigos. Os termos eram diversos para narrar manifestações com mediunidade. Foi Allan Kardec que, depois de muitos estudos e pesquisas, deu a esses fenômenos termos corretos e explicou como lidar com a mediunidade com segurança. O importante é que esse grupo auxiliava encarnados e desencarnados. Eles não deixavam haver abusos, tanto que foi explicado a Jérson que problemas corriqueiros, que envolvem a vida diária das pessoas, elas mesmas devem resolver.

6º capítulo

Decisões

Na calçada, o grupo se despediu.

– Vou pegar um táxi – falou Roberto.

– Nós vamos também – disse Cora.

– Então vamos juntos até o ponto. O motorista que me trouxe informou que logo ali, dois quarteirões à frente, tem carros de aluguel e táxis – Roberto foi atencioso.

Os três, andando devagar, rumaram para o local.

– O senhor não irá fazer nada a essa senhora que o está traindo, não é? – perguntou a mãe de Cora. – Por favor, pense nas consequências. Um ato impensado, no calor da discussão, da desonra, pode trazer tantos problemas! Não está pensando em matá-la, está?

— Mamãe, por favor, não se intrometa!

— Cora, você é jovem, e eu já vi muitos assassinatos pela honra.

— Não, não farei nada disso — Roberto sorriu. — Não penso em lavar a honra com sangue.

— Não vale a pena! — exclamou a senhora. — O senhor tem filhos e com certeza logo terá netos. É ainda jovem e tem muito o que fazer nesta encarnação.

— Seria intromissão perguntar o que o senhor fará? — perguntou Cora.

— Vou simplesmente mandá-la embora de casa. Simples e rápido.

— Escutando o senhor afirmar com essa tranquilidade, aquieto meu coração — falou a senhora. — Passamos um período muito difícil. Vou pensar como posso ser útil. Fui muito supérflua, não me preocupava com os outros. Recebi ajuda, primeiro dessa prima que até nos hospedou e depois desse grupo que nem nos conhece. Concluí que Alfredo pode fazer o que fez porque não encontrou resistência. Com certeza se fôssemos diferentes, agíssemos sem egoísmo, ele não conseguiria. Vou ser mais caridosa! Foi por isso que perguntei ao senhor o que pretende fazer. Se me dissesse que ia tirar satisfação, tentaria convencê--lo a nada fazer. Porque, se essa mulher morrer, com certeza o atormentará; como ficamos sabendo, isso é realmente possível. Embora nós duas não fôssemos culpadas da morte de Alfredo, tanto eu como Cora nos sentíamos responsáveis, e isso resultou numa obsessão.

— Vamos, mamãe, esquecer esse período complicado. Como sofri pensando que ele morrera porque não quis reatar o namoro. Agora acabou! Que alívio!

— Que alívio! — exclamou Roberto. — Também me sinto aliviado. Não estava mais tolerando Cacilda e não sabia o que fazer. Não queria descartá-la como uma roupa que se usou. Estava também inquieto.

– Agora pode mandá-la embora sem sentir que fez algo indevido, porque foi ela quem errou. Isso é bom! – a senhora sorriu.

Chegaram ao ponto de táxi. Aguardaram. Comentaram o que presenciaram na reunião. Chegou um carro.

– Vamos nós três – decidiu Roberto. – Deixo-as primeiro e depois vou a uma loja. Irei embora amanhã cedo.

Foram conversando. Cora falou de seus planos. Iria ao médico pedir uma avaliação para diminuir a medicação, aceitaria o emprego no hospital. Não iria se preocupar mais em arrumar namorado, mas, sim, em ser útil. A senhora afirmou que ia costurar roupinhas de crianças para doar, ser mais amável e tentar ajudar as pessoas. Despediram-se desejando sorte uns aos outros.

Roberto foi de fato à loja, o táxi o deixou na frente. Olhou para a loja, já tinha ido outras vezes ali comprar implementos agrícolas. Grande, chamativa, atraía sua atenção, porém não sentiu vontade de comprar nada. Levara até dinheiro pensando em adquirir peças de arado.

"Tenho de refletir, quero pensar em tudo o que vi e ouvi. Vou para o hotel. Usarei o dinheiro para outras coisas."

Resolveu ir caminhando, não era longe; trinta minutos depois chegou ao hotel. Viu que já serviam o jantar. Foi ao quarto, voltou à recepção e tentou se alimentar. Comeu pouco, resolveu ficar no quarto. Sentou-se na poltrona e pensou:

"Gostei de tudo, e não tem como não acreditar no que ouvi. Foi fantástico! A explicação lida do Evangelho me tocou de maneira especial. Sou o quê? Bom ou mau administrador? Sinto o que desfruto ser meu ou não? Sou escravo ou liberto dos bens materiais? Como tenho que pensar sobre isso, neste assunto. Totalmente escravo, penso não ser, tanto que sei que, ao morrer, meus filhos venderão tudo, e não me importo. Totalmente liberto, a ponto de afirmar que não ligo para nada, é mentira.

Vou me esforçar para ser administrador. Afirmarei a mim mesmo que tudo é de Deus e que Ele me colocou para tomar conta de uma pequenina parcela da Terra, e por um período. Será que consigo? Vou me esforçar! Escutei coisas muito interessantes nessa reunião. De todos os atendimentos se podem tirar lições preciosas. O jovem que se suicidou! O preconceito o fez sofrer a ponto de querer morrer! Se eu tivesse um filho homossexual, o que faria? Afirmo que não sou preconceituoso, cada um que cuide de si. Tive um empregado homossexual; fiquei bravo e dei uma lição de moral no grupo que o chamava por maus adjetivos, querendo humilhá-lo, e proibi que isto ocorresse. Ele se demitiu para ir a uma cidade grande. Esses fatos na casa dos outros são problemas alheios. E se fosse na minha casa? Um dos meus filhos? Iria sofrer. Aliviado, digo: 'Ainda bem que não é comigo!'. Colocar-se no lugar do outro não é fácil. Alguns desencarnados, espíritos, tentam enganar! Que coisa! Certos mortos continuam não agindo corretamente. A morte não nos muda, modificamo-nos quando realmente queremos. Alfredo se passou por suicida para enganar. Espero que Cora faça o que está planejando. E a menina que se recorda do passado? Querer a outra mãe dela! Espero que essa garotinha não se lembre de mais nada de sua outra encarnação. E o mocinho deficiente? Deficiências são algo que sempre me incomodou. Porém, acomodado, preferi não pensar. Como encontrar solução para algo que se acredita que Deus fez ou quis? Encontrei a resposta na reencarnação. Vou me aprofundar neste tema. Quero entender para compreender Deus e sua justiça. Como pôde aquele pai matar os filhos e a esposa? Penso que ele não acreditava em Deus, que sobrevivemos e devia estar desesperado. Um erro, sua traição, não justifica outro. Senti muita pena daquela mãe. Espero que ela perdoe e fique com os filhos."

Roberto se levantou, andou pelo quarto e se sentou novamente.

"Estou fugindo do meu problema. Necessito pensar, encontrar uma maneira de resolver o que se passa comigo. Preciso pensar e solucionar, para que não venha me arrepender mais tarde. Desconfiava e agora tenho certeza de que Cacilda me trai. Realmente não me importo. Surpresa mesmo foi saber de Sueli. Para mim, ela era diferente. Pensava que a casa e os filhos lhe bastavam. Percebo agora que Sueli era uma pessoa, uma mulher com sentimentos e necessidades. Não a amava e não fui por ela amado, mas éramos casados. Não a respeitei. Como exigir respeito? Decepcionei-me. Saber dessa traição me dói, e muito. Embora a compreenda. Desculpamo-nos, e não devo acusá-la. Quando algo, como um casamento, começa certo, não se tem garantia de que o casal termine bem e junto. Mas, quando começa confuso, é difícil ficar bem. Casamo-nos obrigados. Tive culpa de não pensar nela como mulher, no que Sueli queria, pensava que era uma esposa para cuidar de nós, e isso ela fez. Mas minha esposa tinha sentimentos. Penso que de fato Sueli amou Milton. Isso passou e deve ficar no passado. Vou planejar, e com detalhes, o que irei fazer."

Por horas ficou sentado na poltrona. Resolveu se deitar, porém continuou fazendo e refazendo com detalhes seus planos. Demorou para dormir. Foi despertado por alguém da portaria. Iria pegar o primeiro trem para a cidadezinha próxima à sua fazenda. Queria voltar logo.

Arrumou-se rápido, na portaria um táxi o esperava. Foi para a estação e somente se aquietou quando se acomodou no trem. Havia muitas pessoas naquele horário, trabalhadores iam de uma cidade à outra. Comprou jornal de um vendedor que passava de um vagão a outro, vendendo várias coisas. Os viajantes conversavam, mas Roberto não estava com vontade de falar com ninguém. Tentou ler o jornal, conseguiu ler somente as manchetes. Não conseguia se concentrar, pelo menos, ninguém lhe dirigiu a palavra.

E como é rotina nas estações, uns desciam e outros se acomodavam. Passavam o vendedor, o bilheteiro, pessoas se encontravam. Roberto chegou a dormir entre uma estação e outra. Mesmo não querendo, vinham à mente o que escutara na reunião ou seus planos, o que iria fazer.

Chegou e ofereceu o jornal ao senhor que se sentara ao seu lado. Desceu. Foi ao guarda-volumes da estação, onde deixou sua maleta. Andando devagar, parando para cumprimentos, foi para o consultório de Milton. No horário da manhã, ele estava no seu consultório, que ficava ao lado de sua casa. Entrou, a secretária o cumprimentou sorrindo.

– Preciso falar com Milton, é rápido – disse Roberto.

– O doutor está atendendo – informou a secretária.

– Espero.

Roberto se sentou, havia três pessoas esperando. Justificou-se:

– Irei somente lhe dar um recado. Prometo rapidez.

Esperou por dez minutos e, assim que um senhor saiu da sala, Roberto entrou e fechou a porta.

– Bom dia! – Milton demonstrou contentamento ao ver o amigo.

Porém, Roberto ignorou a mão estendida de Milton e se sentou na poltrona à frente da escrivaninha.

– Não devo demorar...

– Aconteceu alguma coisa? Está doente? – Milton o interrompeu, preocupado, olhando para o amigo.

– Estou bem de saúde – respondeu Roberto. – Mas aconteceu. Descobri tudo. Sei do seu envolvimento com Sueli. Você não poderia ter feito isso. Trair-me desse modo. Renata! Ela é minha! Não o quero perto dela! Pensei bem, não fiz outra coisa a noite toda e decidi. Repito: eu decidi! Ninguém mais deve saber. Não quero comentários. Passou! Porém, não somos mais amigos. Para não haver comentários, ao nos encontrarmos, nos cumprimentaremos e trocaremos frases como "O tempo está bom." ou "Como está a família?". Não irei mais à sua casa nem você à minha. Fique longe de Renata!

Milton se assustou e não conseguiu se recuperar, ficou imóvel escutando. Roberto deu por encerrada a visita, falara o que quisera. Levantou-se e saiu sem se despedir. Cumprimentou a secretária e as pessoas que esperavam e foi para a rua. Andando devagar, foi para a casa onde crianças e até alguns adultos doentes ficavam, eram moradores de fazendas que, enfermos e precisando de cuidados, deviam estar na cidade para tratamento e não tinham onde ficar. Era Elza, a esposa de Milton, que tomava conta. Bateu no portão e escutou:

— Entre!

Elza foi abrir a porta com uma criança no colo e outra segurando sua saia.

— Roberto! Que surpresa! Entre, por favor!

Como de costume, Roberto observou tudo. A casa era grande, simples e tinha brinquedos esparramados. Aquela era uma propriedade que Elza recebera de herança de seus pais.

— Vim trazer minha contribuição – falou Roberto.

— Você sempre dá ao Milton – Elza sorriu.

— Milton está sobrecarregado. Quis vir para conhecer a casa.

— Estamos com três adultos no quarto leste e cinco crianças – informou Elza. – Em nome deles, eu o agradeço. Com sua contribuição, pagamos energia, água e a empregada. Os remédios, é o Milton quem compra, e recebemos alimentos como doações. Muitos trazem alimentos quando se hospedam aqui.

Roberto havia separado a quantia de sempre, estava no bolso do lado direito da calça. Era o dinheiro que havia levado para comprar peças do arado. Desta vez, contribuiu com mais; lembrando que Antônio não cobrara pela reunião, estava dando em agradecimento pelo que havia recebido. Elza se alegrou.

Enquanto a esposa de Milton dava remédio para uma outra criança, ele se lembrou de um texto do Evangelho: "Quem ouve estas minhas palavras e as realiza..."[1]

"Todos nós temos oportunidades de ouvir os ensinamentos de Jesus. A diferença está no realizar ou não. Ter grandes ideias e ideais e nada fazer é construir nossa casa sobre a areia. Nossos conhecimentos devem se concretizar em obras. Ouvir é prazeroso, ter planos é agradável, mas estes somente se concretizam quando os passamos para os pés e mãos, que se frutificam em atos. É isso que Elza está fazendo, se alegrou por eu estar contribuindo com mais, por dar aos doentes mais conforto. Ficou contente por poder melhorar as condições dos abrigados. Que exemplo!"

Observou-a:

"Elza era mais feia quando jovem. É difícil a gente achar que a idade melhora o aspecto físico. Mas isso ocorreu com ela. Ou será porque Elza, sendo boa, gentil e educada, a gente, ao olhá-la, vê algo mais do que o físico? Isso pode ocorrer. Acontece também o contrário, como com Cacilda, que é muito bonita, porém, com o passar dos dias, convivendo com ela, a beleza fica estranha. Não consigo mais achá-la bonita."

Elza explicou a Roberto o funcionamento da casa; depois, sorrindo, completou:

— A quantia a mais veio a calhar. Orei quando cheguei aqui pela manhã. Vêm à tarde três enfermos da cidadezinha vizinha para se consultarem com Milton e ficarão conosco. Senti, ao rezar: "Sempre tem alguém para ajudar quem precisa".

Roberto se arrepiou, veio à mente Antônio falando: "Quem quer ajudar sempre encontra quem precise".

A criança no colo de Elza estava inquieta.

— Vou trocá-lo e tentar lhe dar algo para comer. Ele não quer se alimentar.

---

[1] N. A. E.: Evangelho de Mateus, capítulo 7, versículos de 24 a 27.

– Já estou indo. Foi um prazer revê-la e conhecer a casa.

– Mas você nem viu o resto – falou Elza.

– O que vi deu para compreender o que seja o resto. Até logo!

Roberto fez um agrado no garotinho e saiu. Na cidade, tudo era perto; com meia hora de caminhada, percorria-se toda ela. Foi ao chaveiro, uma pequena loja de ferragens. Combinaram que ele ia à tarde à fazenda para trocar várias fechaduras.

Vendo que no bar central havia várias pessoas, alguns fazendeiros, resolveu tomar um café e dar a notícia:

– Vou plantar cebola!

– Cebola?! – admiraram-se.

– Sim – explicou Roberto. – O tempo será propício a essa plantação, e também porque deu pouca cebola na safra anterior e está faltando no mercado. A safra deste produto é rápida e dará para fazer mais outra plantação. Se alguém quiser plantar também, tem que ser rápido, porque depois de muita oferta não dará mais lucro. Alerto: não é porque vou plantar que seja algo garantido. Se tem dado certo, é porque pesquiso, observo e leio jornais, mas não é garantia de nada. Se quiserem plantar o que planto, deixo claro que não é de minha responsabilidade. Por favor, se tomarem prejuízo, não me culpem, porque terei também tomado.

Tranquilamente, saiu do bar e foi à estação, pegou a maleta e depois um táxi.

– Pra casa? – perguntou o taxista conhecido.

– Sim – respondeu Roberto.

Logo que saíram da cidade, encontraram um ciclista, que parou para dar passagem ao carro. Roberto o encarou, e ele quase caiu.

– O "louco"! – exclamou o taxista. – Que sujeito assustado! Camarada esquisito! Veio para cá dizendo procurar uma fazenda para um cliente. Anda pela redondeza, mora na pensão. Já vendeu o sítio de Lucrécio; vende gado, porcos etc. Não encontrou a fazenda para seu cliente e foi ficando. Ninguém sabe ao certo quem é e de onde veio.

"É ele!", concluiu Roberto. "O amante de Cacilda! Levou um susto ao me ver. Com certeza está voltando da fazenda, deve ter passado a noite lá."

Acabou achando graça e, aproveitando que o motorista falara algo engraçado, riu.

– Não vou para casa, antes irei às casas dos funcionários, pode seguir pela estrada. Sabe onde é?

Passaram pela sede; tudo parecia, como sempre, normal. Chegaram às casas. Roberto desceu e pediu para um menino chamar dois empregados que estavam consertando a cerca. Não demorou, seu gerente, empregado de confiança e de muitos anos, veio com outro mais jovem, tanto na idade como no serviço.

– Marinho, vocês dois vêm comigo, vamos de táxi até minha casa. Irei mandar Lourenço embora, não o quero mais na fazenda.

– O senhor precisa de reforço? Será que Lourenço pode ficar violento? – perguntou Marinho.

– É por cautela. Quero que você peça a duas mulheres para virem também. Vamos todos de carro.

Rapidamente, Marinho chamou duas mulheres jovens e fortes. Roberto foi no banco de trás com os empregados, e as duas se espremeram no banco da frente.

Chegando à casa, desceram. Roberto pegou sua maleta e disse ao motorista:

– Não se esqueça: daqui a duas horas, volte. Amanhã irei à cidade e acertarei com você.

Virou-se para as mulheres:

– Vão à cozinha, deem a maleta a Merci e me esperem.

Olhando para os dois homens, disse:

– Vocês vêm comigo.

Ele e os dois empregados foram ao estábulo e não encontraram Lourenço; Roberto bateu na porta do quarto em que dormia. Ele abriu, se assustando.

84 *Histórias do Passado*

– Senhor Roberto! O que aconteceu?

– Nada – respondeu o proprietário da fazenda. – Você está sendo despedido. Quero que saia já da fazenda e não volte. Não pense em chantagear mais, não tem mais razão para isso. Escolheu o lado errado. Aqui está seu ordenado do mês todo. Arrume o que é seu e saia! Marinho e Francisco ficarão observando.

– Os cavalos...

– Não precisa fazer mais nada. Você entendeu?

Lourenço olhou para os três e afirmou com a cabeça. Roberto se virou e escutou Marinho:

– É melhor ser rápido. Ficaremos olhando você arrumar suas coisas.

– O que fiz para ser escorraçado assim? – perguntou o empregado que estava sendo despedido.

Roberto voltou e respondeu:

– Chantagem! Não quero mau-caráter na minha propriedade. É melhor fazer calado o que foi ordenado.

Lourenço não falou mais e foi arrumar seus pertences, que não eram muitos. Roberto entrou na cozinha. As quatro mulheres, sua empregada, as duas que vieram com ele e Evita, estavam lá. Marcionília o indagou com o olhar, e ele balançou a cabeça, fazendo-a entender que explicaria depois.

– Evita, vá ao quarto de Cacilda e me espere lá, já subo.

O tom autoritário de Roberto fez com que Evita obedecesse sem indagar.

– Vocês – virou-se para as três –, quando chamá-las, subam; lá farão o que recomendarei.

Foi para o escritório.

"Ainda bem que escondo e mudo sempre de lugar as chaves das gavetas", pensou ele.

Abriu uma gaveta da escrivaninha, pegou um papel, fechou a gaveta e escondeu novamente as chaves.

Subiu as escadas devagar, batendo os pés. Bateu na porta do quarto de Cacilda.

– Entre, querido!

Roberto o fez e ficou de pé. Cacilda foi abraçá-lo. Ele a empurrou devagar, esforçou-se para manter a calma e falou em tom baixo, mas firme:

– Sentem-se as duas, por favor. Preciso lhes falar.

As duas se sentaram na cama, demonstrando estar assustadas.

"Quando fazemos algo errado, assustamo-nos com tudo", concluiu.

– Cacilda, sei de tudo, ou pelo menos julgo saber. Você me trai! Por favor – impediu-a de falar –, é melhor que escutem caladas. Sei de onde vieram e o que fizeram lá. Porém, o que é do meu interesse é o que ocorre em minha casa.

Roberto aproximou-se da janela, viu Lourenço ir embora pedalando sua bicicleta.

– Lourenço, o chantagista, foi despedido e está indo embora. – Olhou para as duas, que se aproximaram uma da outra: – Vocês duas vão também. Sei, Evita, que é mãe de Cacilda.

Notando que elas estavam, além de assustadas, admiradas, continuou a falar:

– Não é porque sou um matuto, roceiro, que possa ser enganado. Só que tem uma coisa. Está vendo esse papel? É o nosso contrato, mas não é de casamento. Alegro-me em informá-la que não somos casados. Fui enganado, mas também enganei. Estava encantado por você, achei-a linda e envolvente. Não sei como pude... Você queria casar, e resolvi fazer um contrato. Não com a intenção de prejudicá-la. Isso não! Meu plano era que, dando certo nosso relacionamento, me casaria com você numa grande festa e iríamos viajar. Não deu certo, e ia indenizá--la depois de explicar o que fiz. Não a conhecendo e duvidando dos seus sentimentos, contratei um advogado, que se passou por juiz e fez a cerimônia. Assinamos somente um papel, em que consta que estávamos cientes de que conviveríamos por um tempo, não foi determinado quanto, numa casa em comum

Histórias do Passado

e que nenhum de nós tinha direito a nada. Infelizmente ou felizmente, nós não nos acertamos. Ia pedir que fosse embora, como disse, indenizando-a. Mas me traiu, e na minha casa. Assim sendo, não lhe darei nada e quero, entenderam?, Que saiam, e rápido, de minha casa. Aqui está o papel que assinou. Por favor, leiam as duas.

Evita tentou dizer alguma coisa, Roberto não deixou. Aparentando calma, ele esperou que as duas lessem.

– Privem-me de escutá-las. Seria até absolvido num júri se matasse você, Cacilda. Legítima defesa da honra! Ainda mais se contasse o que descobri a seu respeito. Afirmo que não tenho essa intenção. Não quero me exaltar escutando-a. Peço-lhes que continuem caladas. Leram?

Cacilda afirmou com a cabeça, ia devolver o papel.

– Pode ficar com esse, é somente uma cópia. Arrumem suas coisas, somente seus pertences. Logo um táxi estará aqui para levá-las. Como não confio em vocês, as mulheres ficarão as observando arrumar seus pertences. Pensei até em enxotá-las com as roupas do corpo. Mas não quero nada que seja de vocês aqui na casa. E, como caridade ou para que não fiquem nem na cidade, peguem esse dinheiro para viajar. Prefiro saber que estarão longe.

Abriu a porta e chamou:

– Merci, aqui, por favor!

As três mulheres subiram rapidamente as escadas.

– As duas vão embora desta casa – informou Roberto. – Quero que as olhem arrumar as malas. Se pegarem algo diferente, me avisem. Merci, desça com essa jovem e com Evita ao quarto dela, deixe as duas lá e venha aqui, pegue as minhas malas grandes para elas colocarem seus pertences. Vigie ambas. Se precisar de mim, estarei no escritório.

Todas ficaram confusas. Foi Evita quem saiu primeiro do torpor e falou:

– É melhor, Cacilda, fazer o que ele falou. Vou ao meu quarto, arrumo tudo e venho para ajudá-la.

Cacilda chorou, mas se levantou e abriu as portas do seu armário. Roberto foi ao encontro dos dois empregados.

– Depois explicarei o que está acontecendo. Vão ao estábulo e cuidem dos cavalos. Francisco, você não quer assumir o lugar de Lourenço?

– Quero, sim, senhor.

– Depois de tratarem dos cavalos, vejam se precisam fazer mais alguma coisa. Vá, Francisco, à sua casa e volte para cá, se possível hoje ainda.

– Ele fará falta nos trabalhos, logo iremos plantar – falou Marinho.

– Você não sabe de alguém para ocupar o lugar dele? – perguntou Roberto.

– Sei, sim. É uma pessoa boa, que quer se mudar para cá, temos uma casa vazia.

– Contrate-o, e que se mude logo.

Os dois foram para o estábulo, e Roberto, para o escritório. De lá, escutou o barulho de objetos sendo arrastados. Marcionília ia de um lugar a outro. Escutou-a:

– Evita, se acabou, ajude sua patroa. Deixe suas malas aqui. O que aconteceu?

– Seu patrão se cansou da minha patroa. Vou subir.

Roberto teve de se esforçar para ficar calado.

"Logo tudo termina."

Ficou sentado na poltrona, estava inquieto. Escutou o táxi chegando. Saiu do escritório, da casa e pediu para o motorista esperar. Subiu ao quarto. As duas, esposas dos funcionários convidadas a ajudar, de fato estavam auxiliando. Dobravam as roupas. Cacilda ainda chorava, estava com o rosto inchado. Cinco malas estavam fechadas e duas abertas.

– Peguem tudo! – ordenou Roberto. – O táxi chegou. Acabem rápido!

Histórias do Passado

Marcionília e a outra mulher desceram com as malas.

– Espero que não faça mais maldades, Cacilda, e nem você, Evita. Entendam que não têm dado certo seus golpes. Vão os três para longe e recomecem, mas com honestidade.

Virou-se para Evita:

– De fato, cansei-me de sua filha, não de sua patroa. Tudo seria diferente se vocês não pensassem em dar golpes. Se eu não tivesse ficado sabendo de sua traição, me pergunto: Seria assassinado? Espero que entendam que estou sendo generoso. O táxi está aqui e as quero longe!

Roberto pareceu ouvir uma gargalhada, e até se virou, olhou para trás. Nada. Veio à sua mente o que Sueli disse do obsessor. Certamente ele estava gostando do que via.

"Talvez", pensou Roberto, "ele preferisse que eu matasse as duas. Não sou assassino. Que você, senhor desencarnado, vá junto, vá com elas e também não volte".

Sem entender, pareceu ou sentiu que aquela energia ruim saía da casa, e gargalhando.

Marcionília e a companheira voltaram, pegaram as outras malas, e todos saíram do quarto. Roberto as ficou olhando do alto da escada. Cacilda, quando acabou de descer, olhou para cima. Seus olhares se encontraram. Roberto aborrecido, não queria que aquilo tivesse acontecido, e Cacilda desgostosa, mais um golpe que não dera certo.

Depois que saíram da casa, Roberto desceu as escadas, olhou da vidraça e viu as malas serem colocadas no veículo. Por serem muitas as bagagens, as duas se acomodaram no banco da frente. O carro partiu. Ninguém se despediu.

– Coloco um ponto-final e viro a página! – exclamou Roberto.

7º capítulo

Amizade

Assim que o táxi saiu, Roberto foi à frente da casa. Lá estavam os dois empregados, as duas mulheres e Marcionília.

— O que viram — falou o proprietário da fazenda — aqui, foi: não era casado, Cacilda estava somente morando na fazenda. Descobri que Evita não era empregada, mas mãe dela, e essa mulher me traía. Recebia o seu amante na minha casa. Lourenço sabia e, para ficar calado, recebia dinheiro. Podem contar a todos o que viram e o que falei.

— Que horror! Tratar a mãe como empregada! — uma das mulheres se indignou.

– Ter amante! – exclamou Francisco.

Roberto escutou, resolveu não falar mais nada com eles sobre o assunto. Virou para Marinho e perguntou:

– Já acabaram?

– Não, senhor, mas falta pouco.

– Vocês duas podem ir embora. Obrigado!

As duas, conversando, foram para suas casas.

"Certamente irão comentar por dias", concluiu Roberto.

Marinho e Francisco voltaram para o estábulo, Roberto foi junto, observou a casa e viu que, nos fundos, havia caixotes empilhados debaixo do quarto de Cacilda.

"É por ali que ele subia até o quarto dela!"

– Por favor, Marinho e Francisco, desempilhem esses caixotes, levem-nos para o fundo do paiol.

Os dois foram cumprir as ordens. Roberto entrou na casa, foi à cozinha e encontrou Marcionília preocupada.

– Senhor Roberto, juro que não vi nada.

– Não se preocupe, Merci, acredito em você. Elas planejavam bem; quando o amante estava aqui, Cacilda dava um jeito de deixá-la na cozinha. Sabia que é fiel a mim. Por favor, agora arrume algo para comer, estou com fome.

A funcionária amiga, com rapidez e presteza, esquentou alimentos para ele, mas, curiosa, quis saber:

– Como o senhor descobriu a traição?

– Pelo galho quebrado.

Roberto contou do galho da camélia e completou:

– Fui, viajei para obter informações.

– O senhor agiu muito bem expulsando as traidoras do seu lar. Sabe que eu e os meninos não gostávamos dela.

– Estavam certos – Roberto suspirou.

– O senhor não casou mesmo com ela?

– A ideia foi do Ronaldo. Ele que armou tudo. Disse-me: "Pai, você não conhece essa mulher, não sabe nada dela a não ser o que ela contou, e pode estar mentindo. Nada melhor para conhecer uma mulher do que estar casado com ela". Ri e argumentei: "Ronaldo, você não é casado". "Sou advogado e sei disso." Disse a Cacilda que ia trazer alguém de outra cidade para o casamento. Sabe que não temos Juiz de Paz; temos, para casar, de ir à cidade vizinha. Ronaldo trouxe um amigo dele, que é também advogado, que se passou por um juiz e fez a cerimônia. Assinamos somente um contrato de que moraríamos juntos por um tempo e que não teríamos direito a nada.

– Esse Ronaldo! Que garoto esperto! Livrou o senhor de ter muitos problemas.

– É verdade! – exclamou Roberto. – Porém, não agi com má intenção. Se desse certo nosso relacionamento, iria me casar numa grande festa. Mas não deu!

– Senhor Roberto, e se tivesse casado? Se dona Cacilda fosse sua esposa de fato, o que iria fazer?

– Teria de agir diferente, primeiro consultaria Ronaldo. Penso que teria que, com testemunhas, dar um flagrante. Provar que ela me traía. Seria então mais difícil a separação. Com a certeza de que me traía, teria de aturá-la por mais um tempo.

– Admiro mais ainda o senhor. Penso que todos deveriam agir assim com prudência e sabedoria. Agir num rompante não dá certo.

– Merci, se tivesse agido com violência, seria eu o mais prejudicado; além de traído, teria problemas com a justiça, aborrecendo ou até mesmo prejudicando meus filhos. Não é fácil viver em sociedade tendo um pai assassino. Depois, tenho a certeza de que não sou capaz de matar. Por nada, quero tirar alguém da vida física. Cacilda, Evita e ele já foram castigados sendo expulsos daqui. Passarão por privações se não trabalharem. Ter de trabalhar para os três é castigo. Quero mesmo que passem a viver com honestidade. Não quero saber deles. Risquei-os de minha vida.

– Não vamos mais falar deles. Para mim, basta o senhor ter acreditado, não sabia de nada; senão teria lhe contado tudo.

Enquanto conversavam, Roberto se alimentou, comeu bem, estava com fome. Marinho o chamou, haviam terminado de fazer o serviço e iam embora. Francisco prometeu voltar logo.

– Merci, limpe o quarto que Lourenço ocupava, troque a roupa de cama. Francisco vem para cá ainda hoje.

O chaveiro chegou e Roberto mostrou a ele o que teria de fazer. Trocaria as chaves das três portas que davam acesso à casa e colocaria uma trava na janela do quarto que Cacilda usara.

"Não quero receber visitas indesejáveis. Com certeza, tanto elas como ele tiraram cópias das chaves das portas. Poderão voltar para pegar algo ou para tentar se vingar."

Pegou seu revólver que ficava no escritório e o levou para seu quarto.

"Que Deus permita que não use isso. Mas não quero ser sur-preendido. Afinal, eles, ou Cacilda, mataram uma pessoa."

Marcionília limpou o quarto, o chaveiro trocou as chaves e colocou a trava na janela. Foi embora; no outro dia, Roberto o pagaria.

– Por enquanto, feche bem toda a casa, Merci, e, se ouvir algo diferente, grite.

– Será que eles voltarão aqui? – Marcionília estava preocupada.

– Não sei, o fato é que o homem, o amante, entrava fácil na casa.

O taxista voltou. Roberto saiu rápido para ver o que ele queria.

– Senhor Roberto, pensando que gostaria de saber o que dona Cacilda fez, vim aqui para contar. Levei-as à estação, aju-dei-as com as malas. A senhora Cacilda comprou passagens para a capital para o horário das dezessete horas. Fiquei por ali olhando-as. Dona Cacilda escreveu um bilhete e dona Evita foi, andando rápido, na pensão e o deixou lá. Ficaram as duas senta-das num canto da estação, esperando. Quando o trem chegou, aliviadas, entraram; um garoto ajudou com as malas. Elas não conversaram no táxi e não me pagaram.

– Obrigado por ter vindo me avisar. Por favor, diga aos curiosos que amanhã pela manhã irei à cidade, pagarei você, irei ao bar e contarei tudo o que ocorreu.

O taxista quis perguntar, certamente estava muito curioso, mas Roberto virou e entrou na casa. Ele não teve outra alternativa e foi embora.

O dono da casa foi à cozinha, onde encontrou Marcionília.

– Sinto-me aliviado – disse ele –, as duas foram embora da cidade e, com certeza, o outro irá em seguida.

– O senhor irá mesmo amanhã à cidade? Contará o que ocorreu?

– Vou sim, quero telefonar para os meninos. Meus filhos precisam saber da novidade. Vou pagar o táxi, o chaveiro e aproveitarei para contar o que aconteceu.

– Tudo? – Marcionília estava admirada.

– O suficiente para aplacar a curiosidade.

– Sinto essa casa com o ar diferente.

– Realmente está! – concordou Roberto.

"Sem as energias negativas do obsessor e das duas, com certeza a energia da casa está diferente, boa", pensou ele.

Dormiu muito bem, estava cansado. Acordou descansado, bem-humorado e, logo após o desjejum, tirou o carro da garagem e foi à cidade. Ia realmente telefonar para os filhos. Poucas pessoas tinham telefone no lugar. Milton tinha, ele sempre ia à sua casa para telefonar; desta vez, preferiu ir à telefônica, um posto de atendimento. Para fazer um interurbano, precisava do auxílio de uma telefonista. Resolveu telefonar somente para Ronaldo, porque era mais fácil encontrá-lo, e ele se comunicaria com os irmãos. Foi à telefônica, fez seu pedido. A atendente afirmou que, em uma hora, a ligação seria possível. Foi pagar o taxista, o chaveiro e foi ao bar. Muitos curiosos estavam esperando. Havia muitas pessoas, até na calçada. Roberto chegou, cumprimentou a todos e, tranquilamente, contou:

– Achei Cacilda muito bonita e me envolvi, porém não a ponto de casar com ela sem saber quem realmente era. Meu filho fez a farsa, não houve casamento; assinamos um contrato em que constava que não tínhamos direitos e que estaríamos vivendo juntos por um período. Tinha a intenção de, se desse certo, casar depois. Mas não deu. Descobri que Cacilda me traía, então a mandei embora. Ah! Evita não era empregada, mas mãe dela. Tudo acabou!

– O cara esquisito, o ciclista, foi embora hoje no trem das cinco horas para a capital. Ele tinha até uma comissão para receber e a deixou para trás – informou o taxista.

– Você foi esperto, Roberto – concluiu um fazendeiro –, por não ter se casado. Genial sua ideia! A espertinha pensou em dar um golpe do baú e se saiu mal.

Roberto escutou uns comentários. Não respondeu a perguntas como "Não sentiu vontade de bater ou matar?", "Como ficou sabendo?". Dando por encerrada a conversa, despediu-se dizendo ter de telefonar. De fato foi. Ronaldo atendeu e se preocupou.

– Pai, aconteceu algo?

Ele tranquilizou o filho. Contou a ele, sem muitos detalhes, que expulsara Cacilda da casa. Decidira, pelo menos por enquanto, não contar da reunião mediúnica a ninguém.

– Ronaldo, telefone para Júnior e Renata e conte a eles o que lhe disse. A intrusa foi embora. Quero agradecê-lo; se tivesse casado, estaria com um grande problema.

– Estou aliviado! Que bom ir para casa e não ver aquela mulher.

Trocaram mais algumas informações. Roberto desligou e voltou para a fazenda, viu que as pessoas continuavam conversando no bar.

"Foi melhor eu contar o que aconteceu, isso evitará de me indagarem. Que fofoquem!"

Em casa, tentou fazer seu trabalho. Logo após o almoço, um garoto que estava sempre dando recados veio à fazenda.

– Senhor Roberto, a secretária do doutor Milton mandou este bilhete. Posso ir embora ou espero a resposta?

Roberto abriu o papel que estava dobrado em quatro e leu:

"Senhor Roberto, Ronaldo ligou e pediu para informá-lo de que, no final da semana, sexta-feira, ele, Júnior e Renata estarão aí."

Ele sorriu, pagou o garoto. Não tinha resposta.

Quando um dos seus filhos queria lhe mandar recados, ou se acontecesse algo grave, eles telefonavam para Milton, que tinha telefone no consultório e em sua casa. Entrou na casa e deu a notícia para Marcionília.

– Os meninos virão na sexta-feira. Arrume tudo. Aproveite que as faxineiras estão aqui hoje para limpar bem os quartos que Cacilda e Evita usaram.

– Sim, senhor, elas já limparam, eu as ajudei.

– Vou lhe dar dinheiro para pagá-las.

Roberto deu, e Marcionília discordou.

– Não, senhor, elas não ganham isso. É bem menos.

"Cacilda pegava dinheiro a mais", pensou.

– Quanto você ganha?

A funcionária falou.

"Até com o dinheiro do ordenado de Marcionília ela ficava. Logo que ela veio para cá, me disse que elas ganhavam pouco e falou quanto ia pagar. Dava o dinheiro a ela."

– Acho, Merci, que você deve ganhar mais, e as faxineiras também.

– Mas não tanto assim – opinou Marcionília.

– Está bem, pague-as quanto você acha justo. Peça a uma delas para vir no fim da semana para ajudá-la.

Roberto passou a tarde trabalhando, andando a cavalo pela fazenda. Chegou em casa, foi para o escritório, fez a contabilidade. Era organizado, tudo era marcado, o que entrava e o que saía da fazenda.

Estava concentrado quando escutou a porta abrir e fechar. Pensou que fosse Marcionília, mas estranhou porque a empregada batia antes de entrar. Levantou a cabeça e viu Milton, que caminhou até a poltrona e se sentou à frente da escrivaninha. Olharam-se.

– Roberto, preciso falar com você.

Ficaram em silêncio, nem se mexeram por uns instantes. Milton voltou a falar:

– Não vim me desculpar. Desculpas, perdão, são para quem está arrependido. Com sinceridade, não queria que tivesse acontecido, mas não consigo me arrepender. Por Deus do céu, não queria magoá-lo; foi, porém, mais forte do que a minha vontade, não consegui evitar. Não quis trair você, não mesmo! Amei Sueli. Quero lhe contar tudo.

Roberto sentiu vontade de pedir para ele não falar, mas, ao olhá-lo, não conseguiu sentir raiva, gostava dele. Sempre foi seu amigo. Resolveu escutá-lo.

– Quando vi Sueli pela primeira vez, achei-a bonita, mas foi somente isso. Quando, nas minhas férias, vim ficar na fazenda, foi que prestei atenção nela. Lembra que por muitas vezes o aconselhei a não traí-la, que a tratasse bem? – Milton não esperou pela resposta e continuou a falar. – Naquelas férias, ao ir embora, percebi que senti muito a falta dela, pensava muito em Sueli, e que a amava. Vocês já tinham os dois meninos. Voltei nas outras férias, estremeci ao vê-la, porém ficar perto dela, vê-la, me satisfazia. Foi então que percebi que ela também me amava. Uma noite em que você saiu, sabíamos que ia se encontrar com alguma mulher, Ronaldo estava febril, e eu fiquei com ela tomando conta dele. Quando Ronaldo dormiu tranquilo, já sem a febre, conversamos e, de repente, nos beijamos. Não controlamos nossos sentimentos. Prometemos que não ia acontecer mais, porém não conseguíamos cumprir o que prometêramos. Fui embora de sua casa e voltei aos estudos

98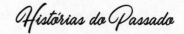

com o firme propósito de nunca mais encontrar com Sueli. Ela ficou grávida, realmente não sabíamos quem era o pai. Quando me formei, quis, implorei para Sueli se separar de você e ir embora comigo. Conversamos muito e concluímos que você não se importaria com ela, mas não abriria mão dos filhos, e ela não conseguiria viver sem eles. Resolvemos nos controlar, continuar nos amando, mas sem ter qualquer contato físico. Casei-me. Para mim, bastava vê-la, assim como para ela. Não vou mentir, algumas vezes não conseguimos. De quem era a culpa? Você que saía à noite para estar com amantes e a largava sozinha. Resolvemos não colocar a culpa em ninguém, nem nós nos sentíamos culpados. Renata ficou parecida comigo. Deixei então os cabelos mais cheios e decidi ter barba, pois esta escondia parte do meu rosto. Compreendi que Renata poderia ser minha filha. Sueli adoeceu, sabia que era grave, sofri junto. Fiz tudo por ela. Sei que fez também. Sueli morreu, uma parte de mim foi junto. Ficou o amor! Amo-a!

Milton se calou. Roberto se lembrou de que, numa tarde, ao entrar no quarto da esposa, encontrou-os juntos, perto um do outro. O médico segurava na mão dela e, quando entrou, ele se afastou. Naquele dia não percebeu nada de anormal. Para ele, Milton contava sua pulsação e devia estar olhando sua garganta.

"Sim", pensou Roberto, "eu fiz de tudo para dar conforto a Sueli, mas Milton lhe deu amor".

Milton chorou, Roberto não segurou as lágrimas. Os dois enxugaram os rostos. Olharam-se. Roberto se levantou, aproximou-se do médico e colocou a mão em seu ombro.

– Entendo! – exclamou.

Milton balançou a cabeça, estava sendo difícil para ele falar.

– Amigos! Para sempre, amigos! – disse Roberto.

Milton chorou alto.

Refizeram-se. Roberto voltou a se sentar.

– Como você ficou sabendo? – perguntou Milton.

Roberto contou, porém recomendou não comentar a ninguém, somente ele saberia.

– Meu Deus! Que maravilha! Ter o privilégio de ver um pouquinho de Sueli, escutá-la!

O dono da casa entendeu, naquele momento, o tanto que Milton a amou, amava. O médico enxugou novamente o rosto.

– Amigo – falou Roberto –, vamos esquecer tudo isso? Não vamos mais falar deste assunto.

Milton concordou com a cabeça e expressou:

– No dicionário, temos a definição de amigo: Quem é amigo ama, estima, aprecia, é aliado. É uma pessoa ligada à outra por laços de amizade. E amizade é afeição, dedicação e benevolência. Você, Roberto, agiu comigo com benevolência. Agradeço-o.

– Realmente, Milton, eu o estimo. É prudente conservar um amigo com quem podemos contar em todos os momentos. Quero continuar sendo seu parceiro.

Marcionília bateu na porta e, com o "Entre!" do dono da casa, anunciou:

– O jantar está servido!

Os dois, como de costume, levantaram-se e foram jantar.

– Roberto – contou Milton –, você não sabe como estão falando de sua separação. Ainda bem que você acatou a ideia de Ronaldo. Preocupei-me muito quando aquela mulher tentou conquistá-lo. Parabéns por ter agido com firmeza e inteligência.

O dono da casa contou o que ocorrera; Marcionília, rindo, contou outros detalhes. Riram. Jantaram e, depois de tomar um cálice de licor, o médico se despediu. Abraçaram-se. Os dois estavam aliviados.

"Como me separar de um amigo? Desculpei Sueli, e ela também o fez. Como não entendê-los? Como? Meu Deus!"

Suspirou. Ajudou Marcionília a fechar a casa.

– O senhor está pensando que aquele sujeito, o amante da dona Cacilda, possa vir aqui?

– A notícia que tenho é de que foram embora. Estou sendo cauteloso. Ele entrava no meu lar. Cacilda e Evita sabem onde estão minhas coisas. Não tenho objetos de valor, costumo ter pouco dinheiro em casa. Vamos, por uns tempos, deixar tudo fechado.

– O senhor tem razão. Prevenir é a melhor coisa. As duas, mãe e filha, saíram daqui com muito ódio. A casa, sem elas, está melhor, e o ambiente, agradável.

"Sem elas e sem o obsessor, tudo melhorou", concluiu Roberto.

Sentindo-se bem como há muito tempo não se sentia, dormiu tranquilo. A casa estava em paz.

8º capítulo

Mais um

Marcionília e Roberto aguardaram com ansiedade a vinda deles, seus meninos, que, para os dois, eram sempre garotos. Chegaram antes do jantar. Contentes, se abraçaram e foram para a sala saborear a deliciosa comida que Marcionília preparara para eles. Roberto contou, tentando resumir, o que ocorrera.

– Estava muito difícil aturar Cacilda, não a suportava mais. Comecei a desconfiar que ela me traía. Vi o galho quebrado; entendi que Lourenço, ao tentar me segurar para não entrar em casa, sabia de algo e que a chantageava. Bastou prestar atenção para compreender que Evita era mãe de Cacilda. Mandei-as embora, tudo acabou, e não quero nem saber deles. Claro que tomei algumas precauções como: no lugar de Lourenço, coloquei um empregado de confiança; troquei chaves; pus trancas... Sei que foram os três para a capital e espero que não voltem.

Roberto respondeu o que os filhos quiseram saber, e encerraram o assunto. Jantaram; foi então que percebeu que Júnior estava preocupado.

— O que está acontecendo? O que ocorre, Júnior? – o pai quis saber.

— Pai – foi Ronaldo quem respondeu –, está realmente acontecendo algo.

— É grave? – Roberto preocupou-se.

— Pai Roberto – respondeu Renata –, penso que não. Vamos conversar aqui ou no escritório? De qualquer jeito, Merci irá saber.

Renata, desde jovem, o chamava de "Roberto" ou "pai Roberto", diferentemente dos outros filhos, que o chamavam de "pai" ou "papai".

Ele olhou para a filha, depois para os filhos. Havia levantado, sentou-se novamente.

— É melhor ficarmos aqui – decidiu o genitor –, estamos acomodados. Fale!

Olhou para Ronaldo.

Esse filho era o que sempre intermediava, tentava ajudar os irmãos. Roberto pensava que ele tinha realmente a vocação para advogado. Sem rodeios, porque sabia que o pai gostava de tudo simples e direto, falou:

— Júnior vai ser pai! Está com problemas e quer que o senhor o ajude.

Roberto suspirou aliviado. O problema não era tão sério. Por um instante, temeu que fosse algo que um deles tivesse feito errado. Ronaldo, falando pelo irmão, explicou:

— Pai, como sabe, Júnior namora Sílvia, e há tempos.

Sim, ele sabia; Júnior e Sílvia se conheceram na universidade, ambos estudaram engenharia civil. Fizeram planos de noivar logo e casar seis meses depois de terem noivado. Os dois se amavam.

– Qual é o problema? – perguntou Roberto. – É somente casar antes. O pai dela não gostou de ser avô?

– Pai – falou Ronaldo –, não é Sílvia a mãe.

– Não?! Quem é então?!

Roberto olhou para Júnior, que continuava nervoso. Ronaldo perguntou:

– Lembra que Júnior e Sílvia brigaram e ficaram três meses separados?

O pai balançou a cabeça. Sim, lembrava, os dois haviam brigado, não tinha sido nada sério, mas estiveram separados. Depois reataram.

– Nesse período – continuou Ronaldo explicando – em que estiveram separados, meu irmão se envolveu com uma atriz que não é ainda conhecida, ela se chama Ana Lúcia. A relação durou dois meses, separaram-se sem atrito, e Sílvia não ficou sabendo. Isso foi há cinco meses. Ana Lúcia procurou Júnior esta semana e contou a novidade: está grávida de seis meses. Segundo ela, não sabia da gravidez e, quando descobriu, não dava mais para fazer um aborto.

– Aborto?! – interrompeu Renata. – Antes mais um do que menos um.

Júnior estava de cabeça baixa, olhou para o genitor.

– Quero o neném, mas não a mãe, não Ana Lúcia. Estou encrencado; se Sílvia souber, não me perdoará. Sofro só de pensar em ficar sem ela. Ana Lúcia não gosta de mim nem eu dela, quero dizer, não nos amamos; gostar, até que gostamos um do outro. O fato é que essa criança atrapalhará nossas vidas. Ana Lúcia foi convidada a fazer parte do elenco de uma peça de teatro que estreará em outro país. O contrato iniciará daqui a cinco meses. Certamente, não pode levar o filho. Eu não posso ser pai!

Após Júnior ter falado, Ronaldo levantou e opinou:

– Com o meu planejamento...

Ronaldo sempre estava planejando ou já encontrara a solução para o problema, agia assim desde garoto, mas, como fora repreendido porque pensava, achava a solução e executava sem escutar as opiniões dos outros, resolveu passar a dizer "planejei", "fiz um planejamento", "fiz cálculos"... isso para não dar a entender que resolvia tudo sozinho, mas normalmente resolvia, principalmente as dificuldades que envolviam os irmãos.

– Fale, filho – pediu o genitor.

– O senhor está viúvo e livre da intrusa. Pode ser pai dessa criança.

Roberto abriu a boca e olhou para Ronaldo, que tentou explicar.

– Papai, Ana Lúcia ficou, sem querer, grávida, não quer o filho. Júnior, pelas circunstâncias, não pode assumi-lo. Por que não simplificar? Trazemos Ana Lúcia para cá e, para todos, você teve uma aventura com ela, que ficou grávida, veio para a fazenda, teve a criança e foi embora.

– Serei pai do meu neto! Ele será meu herdeiro!

– Eu não me importo – opinou Renata.

– Nem eu! – exclamou Ronaldo.

– Com meu trabalho – falou Júnior –, ganhando bem, não preciso de nada. Abro mão da minha parte da herança para ele. Papai, estou sendo bem-sucedido e reconheço que estou conseguindo por ter aproveitado a oportunidade que me deram, você e a mamãe. Já gosto do neném. Não quero que Ana Lúcia o doe. Não posso assumi-lo, mas não quero doá-lo.

Júnior se emocionou. Roberto os olhou.

"Educamos bem, Sueli e eu, nossos filhos."

Entendeu o que o filho sentia.

– O que planejou, Ronaldo? – perguntou o genitor.

Histórias do Passado

– Simples e prático. Você conheceu Ana Lúcia numa dessas suas viagens e se envolveu com ela, que ficou grávida e veio ter a criança na fazenda. Assim que ela tiver o neném, irá embora, irá com o grupo de teatro para outro país. Pode deixar comigo, vamos registrá-lo, você como pai e ela como mãe, e farei, bem-feito, um documento registrado e com testemunhas, comprovando que Ana Lúcia dá a guarda da criança para você. Será nosso irmão e seu filho. O bom disso tudo é que os fofoqueiros de plantão saberão que houve troca de traição. Cacilda traiu e foi traída.

– Papai, por favor – pediu Júnior.

– Aceite, Roberto – implorou Renata.

– Vamos fazer como planejou Ronaldo – concordou o genitor.

– Sendo assim – falou Ronaldo –, amanhã cedo, Júnior e eu iremos embora, volto domingo com Ana Lúcia. Ela está magra, necessita de cuidados e boa alimentação. Peça para o tio Milton cuidar dela. Merci! – gritou.

Renata foi à cozinha. Voltou em seguida com Marcionília, que já estava com roupa de dormir.

– Merci querida – falou Ronaldo –, teremos, em breve, um a mais na casa. Mais um! Filho de papai! Nosso irmão ou irmã! Vamos, Júnior e eu, embora amanhã cedo e volto domingo com ela, ou seja, a mãe do neném.

A antiga empregada abriu a boca e, pela expressão, demonstrou não ter entendido nada.

– Explico tudo para você, venha comigo – disse Renata.

As duas saíram, foram para a cozinha.

– Obrigado, pai! – o filho mais velho aproximou-se e o abraçou. – Sinto-me aliviado.

– Tudo dará certo. Vou seguir o planejamento – afirmou o pai.

Roberto abraçou Ronaldo. Por um instante sentiu-se atordoado e se lembrou do que Sueli lhe falara na reunião, "viria mais um a precisar dele".

Resolveram ir dormir.

Seis horas da manhã, todos estavam tomando café. Os dois foram embora. Renata ficou conversando com o pai.

– Júnior marcou uma reunião comigo e Ronaldo. Fomos jantar juntos. Contou o que acontecera. Conhecemos Ana Lúcia, que foi jantar conosco. Não sei como meu irmão se envolveu com ela, que é distraída, muito enfeitada, mas está apavorada. Diz amar a criança, mas não a quer. Prometemos ajudar e, no outro dia, você telefonou para Ronaldo contando que Cacilda fora embora. Ronaldo encontrou rapidamente a solução. Tínhamos a certeza de que aceitaria. Vou ajudá-lo, pai Roberto. Sem Cacilda aqui, sinto-me novamente em meu lar. Pedirei demissão, ganho pouco dando aulas; se não fosse pelo dinheiro que me manda, passaria aperto financeiro. Volto para cá e o ajudo com o neném. Confio em Ronaldo, com certeza ele fará tudo certo com a lei.

– Pai com essa idade! – Roberto suspirou.

– Você é jovem.

– Ainda me sinto confuso. Ronaldo tem realmente o poder de persuadir. Porém, depois de muito pensar, o planejamento dele foi a melhor solução.

– Contei tudo a Merci, ela merece saber a verdade, podemos contar com sua discrição e ajuda.

Contentes, aproveitaram o sábado para cavalgar e conversar, passaram o dia alegres.

No domingo, pela manhã, antes do almoço, Ronaldo chegou. Roberto e Renata foram recebê-los.

– Seja bem-vinda, Ana Lúcia! – exclamou Roberto e a abraçou.

O dono da casa a olhou, observou-a: era magra, alta, cabelos tingidos de louro, olhos grandes e expressivos. A moça sorriu, não sabia o que fazer. Renata a abraçou.

– Vamos entrar – Ronaldo pegou duas malas.

Entraram na casa.

– Quero – disse o anfitrião – que você, Ana Lúcia, sinta-se à vontade enquanto estiver conosco. Ronaldo deve ter lhe explicado tudo; qualquer dúvida, pergunte.

– Sim, agradeço ao senhor, digo, você.

Foram almoçar. Depois Renata a levou para descansar, ela ocuparia o quarto que Cacilda usava, que era grande e confortável.

– Amanhã tenho de trabalhar – falou Ronaldo. – Vamos, Renata e eu, embora.

Despediram-se.

"Que situação...", pensou Roberto, "aqui sozinho com uma jovem que, para todos, está esperando um filho meu".

Roberto sentiu pena da futura mãe, era uma estranha no ninho, estava assustada e não sabia o que fazer. Na segunda-feira, logo cedo, escreveu um bilhete para Milton pedindo que viesse à fazenda. O amigo veio logo após o almoço, estava preocupado. Não era costume Roberto chamá-lo.

– Milton, por favor, consulte Ana Lúcia, grávida de seis meses. Não parece estar bem.

O médico, embora curioso, nada perguntou e examinou a jovem.

– Ela está necessitada de boa alimentação, estou pedindo uns exames à jovem.

Pegou uma ficha e foi preenchendo.

– Nome, por favor, idade e, finalmente, o nome do pai.

– Roberto, é claro – respondeu Ana Lúcia.

Milton deu por encerrada a consulta e puxou o amigo para o escritório. Estava preocupado.

– Você, como eu, fez vasectomia.

– Filho – respondeu Roberto.

– Entendo.

– Milton, depois conversaremos. Por favor, conte na cidade que está na fazenda uma jovem grávida e que sou o pai.

O médico sorriu e se despediu, aguardaria as explicações do amigo.

Roberto e Marcionília se organizaram para cuidar de Ana Lúcia. Horário para dormir, descansar, passear pelo jardim, pomar e alimentação saudável.

Na quinta-feira, Roberto foi à cidade, passou no bar e avisou que logo voltaria para contar as novidades. Foi conversar com Milton, explicar a ele o que acontecera.

– Penso – comentou o médico – que Ronaldo realmente planejou. Foi a melhor solução, principalmente porque Sueli o avisou. Vou cuidar dela e você terá um neto, ou seja, um filho sadio.

Despediu-se do amigo e foi ao bar. Lá encontrou várias pessoas o esperando para saber das novidades. Calmamente, Roberto contou:

– Envolvi-me com Ana Lúcia, ela ficou grávida e veio para cá para ter a criança.

Perguntas foram feitas.

– Vão casar?

– Não.

– Como seus filhos reagiram com a notícia dessa gravidez?

– Aceitaram numa boa.

– Você traiu Cacilda. Trocaram traições.

Depois de responder algumas perguntas, Roberto se despediu.

"Sou alvo de fofocas. Duas seguidas. Espero que o falatório passe logo."

Tanto ele como sua fiel funcionária tentaram realmente ajudar Ana Lúcia.

"Merci", concluiu o proprietário da casa, "como sempre, me ajudará".

– Precisa, Ana Lúcia, se alimentar, deve ficar mais forte – aconselhava Marcionília.

A empregada amiga cuidou dos cabelos dela, que, tintos e sem tratamento, estavam danificados, e também de sua pele e alimentação.

Notaram que pessoas paravam na estrada na tentativa de ver a moça grávida.

"Se eles usassem essa energia para cuidar de si em vez de usá-la para saber da vida alheia, a vida deles seria mais fácil", concluiu o fazendeiro.

Francisco demonstrou ser um bom empregado, atento e prestativo; souberam que ele namorava uma diarista, que passou a ir mais dias para facilitar o trabalho de Marcionília.

A plantação de cebola deu certo, Roberto ganhou um bom dinheiro e fez outra plantação em seguida. Seus vizinhos, os que seguiram seu palpite, lucraram também. O proprietário da fazenda, como todos os agricultores, que trabalham com a terra, sabe que o resultado é incerto, pois depende do tempo, da oferta e da procura. É um trabalho que, como todos, ou talvez mais, exige dedicação e amor.

Quinze dias depois, Renata veio para ficar.

— Ajudo-o, pai Roberto, nessa tarefa; depois, tenho planos de lecionar por aqui mesmo. Penso em auxiliar tia Elza na Casa Abrigo e me empenharei para ajudar na construção de um hospital.

Renata levou roupas para Ana Lúcia e para o neném, que, até aquele dia, não tinha nada de enxoval. A casa ficou alegre e movimentada com a filha. As duas foram à cidade fazer compras, os moradores as olhavam curiosos, todos queriam conhecer a gestante.

Com roupas adequadas e com aspecto saudável, Ana Lúcia se apresentava melhor. Milton a achou sadia, e a criança se desenvolveu.

Júnior marcou o noivado. Pai e filha iriam. Roberto trocou de carro por outro mais moderno e zero-quilômetro.

— Quero me apresentar com aparência melhor para o sogro de Júnior, para a família da noiva. Iremos dois dias antes para comprar roupas.

O fato era que Roberto queria que o ricaço, o sogro do filho, não os visse como pessoas sem instrução e sem recursos financeiros.

Foram e deu certo. Na festa de noivado, da família dele, foram Roberto, Renata, Ronaldo e a namorada dele.

"Minha família é pequena, agora que noto isso."

Conversou com o sogro do filho, conversas diversificadas, e mudaram de opinião um sobre o outro.

"Ele é rico", pensou Roberto, "mas é simples e muito trabalhador. Não fez fortuna por acaso, é inteligente".

Foi um encontro agradável; ao ver o filho alegre, compreendeu que estava fazendo o certo. Para ele, um filho seria um a mais, mas, para Júnior, seria, naquele momento, um problema, e filho nunca deve ou deveria ser um empecilho.

Tudo deu certo, e o casamento foi marcado para seis meses depois.

Renata, com jeitinho, ensinou Ana Lúcia a se sentar e a usar os talheres ao se alimentar. Ela gostou, prestava atenção e aprendia. Roberto pegou livros, tudo o que tinha, e até comprou outros livros cujo assunto era o país para onde iria. Ajudou-a na pesquisa. Assim, a jovem mamãe aprendeu os costumes, os lugares importantes, os alimentos, tudo o que foi possível sobre o país onde, por uns tempos, iria residir. Ali, com eles, a jovem atriz se modificou, seus cabelos estavam brilhantes, a pele vistosa, já não ria alto, conversava falando correta e compassadamente. Renata a levou ao dentista e, após o tratamento, seus dentes ficaram saudáveis.

Roberto gostou dela e queria que tudo desse certo para a garota. Foi uma convivência agradável.

Ana Lúcia contou sua história de vida.

– Nunca fiquei sabendo quem foi ou era meu pai. Mamãe me criou sozinha, trabalhava muito, à noite, como ajudante na cozinha de um grande restaurante, me deixava com uma vizinha, pagava-a para que eu pudesse dormir na casa dessa senhora. Tinha, por família, pelo menos foi o que conheci, somente uma tia, irmã de minha mãe, e seu marido. Íamos, mamãe e eu, à casa deles, e eles nos visitavam. Minha tia não tem filhos, é uma atriz, e meu tio, seu empresário. Às vezes eles tinham dinheiro e me davam presentes, ajudavam mamãe e às vezes passavam até fome. Minha mãe morreu muito jovem; voltava, como sempre, para casa, às quatro horas da manhã; foi assaltada e reagiu, porque o ladrão queria o salário que acabara de receber. Este homem, o ladrão, atirou nela três vezes; mamãe morreu na hora, me deixando órfã. Sofri muito, minha tia me levou para morar com ela. Os dois, embora gostassem de mim e nunca tenham me maltratado, eram ausentes, viviam um para o outro, se esquecendo de mim. Tinha doze anos. Numa peça de teatro em que minha tia atuava, precisavam de uma criança, titia não hesitou e me levou; deu certo, então passei a trabalhar e abandonei a escola. Tornei-me atriz. Tenho vinte e um anos, morava sozinha; quando vim para cá, desfiz-me do meu pequeno apartamento, que era alugado. Há dois anos meus tios foram para outra cidade e não nos vimos mais. Raramente nos correspondemos. Não contei aos dois de minha gravidez nem vou contar. Eles sabem que irei para outro país e gostaram da notícia, pensam que já estou lá. Quando for, escreverei a eles, porém não saberão nada do meu filho.

Pai e filha se comoveram e passaram a agradar mais ainda a futura mamãe.

Ana Lúcia começou a ter dores, a parteira veio para ficar com ela e Milton também. O neném nasceu sem complicação, um forte e saudável menino. Recebeu o nome de Renan, escolhido por Renata, que seria sua madrinha.

Foi Renata quem cuidou dele. Ana Lúcia o olhou com carinho e, quando os três, Roberto, Renata e ela, estavam a sós, falou:

– Com essa nossa convivência, confio plenamente meu filho a vocês. Estou tranquila! Vou embora no dia vinte e três do mês que vem.

Ronaldo fez, conforme a lei, e, pelo que Roberto entendeu, bem-feito, todos os documentos que já haviam planejado. Ana

Lúcia concordou com tudo. Júnior lhe deu dinheiro. Ela amamentou o neném, mas era de uma doadora de leite o seu principal alimento, uma mulher que residia ali perto e que teve uma filha no mesmo dia que Renan nasceu.

A data da partida se aproximava, Ana Lúcia arrumou tudo o que levaria, Renata lhe deu malas, roupas e sapatos. Ela estava eufórica, queria mesmo ir, conhecer outros lugares e voltar ao palco.

Chegou o dia em que a jovem atriz iria embora, Roberto ia levá-la à estação. Ela despediu-se de todos, agradeceu e beijou na testa o garoto, como se fosse revê-lo horas depois. Partiu.

Mais fofocas. Roberto se explicou novamente, foi ao bar e contou para os curiosos que entre ele e Ana Lúcia houvera somente um envolvimento rápido e que ela, desde que descobrira a gravidez, prometera deixar a criança com ele.

– Ela é uma atriz, vai trabalhar em outro país e foi embora.

Dessa vez não escutou comentários nem respondeu às perguntas.

Na segunda safra de cebola ainda lucrou, mas não as plantaria mais e avisou a todos para não as replantarem. A oferta seria grande. O fazendeiro que o fez teve prejuízo. Resolveu plantar feijão e avisou que o estava fazendo simplesmente para a terra não ficar ociosa. Resolvera explicar o que iria fazer, já que costumavam imitá-lo.

"Desse jeito os ajudo, mas devo deixar claro que nem sempre tenho lucro ou que dão certo meus palpites. A decisão de fazer o que eu faço deve, tem de, ser deles."

Renata e Ronaldo foram os padrinhos de Renan. Criança alegra o ambiente, era prazeroso chegar em casa e ver Renata e Renan. Roberto o pegava e conversava com ele, que parecia entender.

– Vem comigo, garoto – dizia.

Histórias do Passado

– Pai Roberto – alertou a filha –, é melhor dizer: "vem com o papai".

– Você tem razão. Renan, vem com o papai!

Teve de se acostumar que ele era seu filho. Porque, assim que viu aquele ser tão frágil e pequeno, o amou, era de fato mais um.

9º capítulo

Tentativa de assalto

Renan era realmente um garoto saudável, bonito e risonho. Alegrava a casa. Renata cuidava muito bem dele. Quando o neném completou quatro meses, Renata passou a ir três tardes por semana ajudar Elza na Casa Abrigo.

— Pai Roberto, como tia Elza é dedicada e como aplica bem o dinheiro que dá para eles. Estou gostando demais de trabalhar lá. Quando Renan completar um ano, irei todas as tardes. É um trabalho voluntário que me alegra. Como existem pessoas necessitadas!

Foi numa tarde em que Renata não estava em casa, ela ia de carro à cidade, que Milton veio visitá-lo. Após tomar café, o médico pediu para ir ao escritório. Entraram, e a visita fechou a porta.

– Roberto, você me surpreendeu, aceitou o neto como seu filho e, pelo que sei, sem ter dado bronca no Júnior. O filho é dele, não é?

– Sim. Como deduziu? – perguntou o dono da casa.

– Conheço seus filhos como conheço os meus. Se fosse de Ronaldo, ele assumiria. A noiva de Júnior é diferente.

– Quando os três se reuniram para uma conversa séria – Roberto suspirou –, confesso que gelei, senti medo, por segundos me passou pela mente que seria algo muito grave. Temi que um deles estivesse se drogando ou tivesse se envolvido em negócios escusos ou até sendo procurado pela polícia. O fato é que não confiamos muito nos filhos; eu, pelo menos, não. Sei que não é certo pensar assim, os três nunca se envolveram em algo que me preocupasse realmente. Quando soube que era um filho, confesso que me senti aliviado. No momento, decidi sem muito pensar e, quando pensei, não encontrei outra solução. Júnior ama mesmo Sílvia, ele iria sofrer se se separasse dela. Solteiro, como cuidaria de um filho? Iria sobrar para mim. Ronaldo encontrou a solução, e eu aprovei. Tive depois vontade de repreender Júnior, mas de que adiantaria? Ele passou um aperto.

– Você agiu certo – concordou Milton.

O médico abriu sua maleta, pegou um livro, a Bíblia, e explicou:

– Vim para esses lados para consultar uma pessoa e passei aqui, devo voltar para o consultório. Elza e eu lemos, uma vez por semana, um texto da Bíblia. Esta semana lemos uma parte que me fez lembrar de você. Marquei e vou ler. "Mas, a que coisa direi eu que é semelhante esta geração? É semelhante aos meninos que estão sentados na praça, e que, gritando aos seus companheiros, dizem: Tocamos e não bailastes, entoamos canções tristes, e não chorastes. Veio João, que não comia nem bebia, e dizem: Ele tem demônio. Veio o Filho do Homem, que come e bebe, e dizem: Eis um glutão e bebedor de vinho, amigo dos publicanos e dos pecadores.[1]

Milton fechou o livro.

– Devo ultimamente ser alvo de muitos comentários! – Roberto suspirou.

– Uma pessoa – Milton falou compassadamente – que aprendeu a compreender a si mesmo e ao próximo não deve ser afetada pela opinião de outros. Pensei muito no que Jesus quis que aprendêssemos com esse ensinamento. Com certeza o Mestre Jesus ouvira comentários, uns a favor de João Batista e outros contra, assim como sobre Ele. Não é possível contentar a todos, principalmente àqueles que cuidam mais da vida alheia do que da deles. Criticam os que levam uma vida austera como João Batista, e outros discordam, julgam certos os que agem como esse severo personagem. E o mesmo se dá com os que são rigoristas com os que agem normalmente. O que nos cabe fazer? Compreender! Os que aprendem a agir com compreensão devem entender os que não aprenderam ainda. Se Jesus não era compreendido, penso que também não somos. Elza se queixou que numa mesma semana escutou dois comentários: um de uma senhora que lhe disse que ela deveria se vestir melhor por ser a esposa de um médico; e outra a criticou por se vestir bem, disse que o vestido que estava usando deveria ter custado caro e que não combinava com uma pessoa que fazia trabalho voluntário. Porque ela achava que, com o dinheiro gasto no vestido, compraria muitos pães. Sabe o que concluímos? – Milton não esperou pela resposta. – Que, como Jesus, devemos continuar fazendo o que deve ser feito, e com muito amor. Comentários não nos devem fazer diferença.

– Obrigado, Milton; como sempre, me ajuda. Todas essas minhas ações, que tanto resultaram em falatórios, foram prudentes.

---

[1] N.A.E. Mateus, capítulo 11, versículos de 16 a 23; podendo-se encontrar também em Lucas, capítulo 7, versículos de 31 a 34.

Sinto que não somente agi com justiça, mas com bondade. Tirei lições disso tudo. Realmente não devo me importar com as opiniões daqueles que apreciam criticar. Devo continuar agindo no bem. Nunca gostei da frase "se fosse eu, faria desse jeito". Poderiam muito bem falar: "eu vou fazer assim com meu problema".

– Muitos, Roberto, criticam aqueles que se sobressaem; deveriam cuidar mais de si e não fazer o que acham errado com o outro, começando por parar de criticar, fofocar. Se você tivesse agido como os rigoristas, matando Cacilda, pergunto: Quem arcaria com as consequências? Somente você. Talvez nenhum deles o visitasse na prisão. Falar, opinar sobre o que o outro deve ou não fazer, é fácil, mas é aquele que faz quem arca com os resultados. O bom senso está em não ser afetado pela opinião alheia.

Conversaram por mais alguns minutos sobre política e depois Milton se despediu.

Roberto e Renata começaram a se organizar para o casamento de Júnior. Ele foi passar um sábado com eles. Pegou Renan, o olhou com carinho, e disse:

– Meu irmãozinho! Meu irmão pequenino!

Falou sobre o casamento, a festa, e levou os convites. Convidou poucos amigos e a família de Milton. Insistiu para Marcionília ir, porém ela agradeceu e recusou:

– Júnior, seria muito gasto, não tenho nada apropriado para vestir e não sei me comportar entre pessoas chiques. Depois, ficarei com Renan.

Milton também se desculpou, afirmou que não poderia se ausentar naquela data. Roberto concluiu que ele também não queria ir pelo mesmo motivo de Marcionília.

Foi Ronaldo quem organizou tudo para a ida do pai e da irmã, alugou roupas para eles, reservou hotel para aqueles que iriam e comprou os presentes; os noivos tinham feito uma lista, e Roberto fez questão de comprar o objeto mais caro e colocar seu nome e o da filha.

Dois dias antes do casamento, Roberto e Renata foram de carro. Ronaldo e Hellen, sua namorada, os receberam e ajudaram com as roupas.

A cerimônia foi suntuosa, o casamento religioso ocorreu na catedral. Roberto, Renata, Ronaldo, Hellen e outros amigos de Júnior foram os padrinhos dele.

Tudo deu certo, a cerimônia foi muito bonita, e a festa, conforme a etiqueta, mas o importante era que os noivos estavam felizes.

Roberto se esforçou para agir com naturalidade, porém estava atento para não cometer nenhuma gafe, não queria envergonhar o filho. Um primo de Sílvia se interessou por Renata e a cercou com agrados. Roberto se esforçou para parecer natural, porém sentiu muito ciúmes. Renata, educadamente, o afastou.

— Sujeitinho pedante! – falou para o pai em tom baixo. – Pensa que todas as mulheres lhe devem atenção.

Assim que foi possível, os dois se despediram e foram para o hotel. No outro dia, Ronaldo e Hellen foram buscá-los, almoçariam juntos. Foram a um restaurante discreto e, quando as duas moças foram ao toalete, Ronaldo falou ao pai:

— Papai, você gosta de Hellen?

— Sim, gosto, ela é uma excelente moça.

— Estou pensando em noivar e casar, estou cansado de viver sozinho – falou Ronaldo.

— Filho, não deve se casar por esse motivo.

— Gosto dela.

— Ama?

— Não sei – Ronaldo realmente parecia não saber.

— Podemos gostar de muitas pessoas, somente este sentimento não basta para conviver com alguém. Não quer pensar mais um pouco? E se depois de casado você conhecer outra pessoa e a amar?

— Papai, penso que, quando nos sentimos mais maduros, não nos apaixonamos. Com certeza não sentirei esse amor-paixão por ninguém. Do meu jeito, amo Hellen, nos damos bem e acredito que teremos uma boa convivência.

– Já planejou? – perguntou o pai.

– Como?

– Pensou bem para chegar a essa conclusão?

– Sim – Ronaldo foi lacônico.

– Então tudo bem!

Foi um alívio para pai e filha voltarem para casa. Estavam saudosos de Renan, que, com cinco meses, se alegrou em revê-los.

Voltaram à rotina. Renata resolveu não lecionar e explicou o porquê:

– Pai, ao ir à reunião de professores, entendi que aqui não existem muitos empregos, e isso piora em relação às mulheres. Tomaria o lugar de alguém necessitado. Desisti porque também estou gostando muito de ajudar tia Elza.

Renata passou a ir todas as tardes à Casa Abrigo e se empenhou para que um hospital fosse construído na cidade. Conversou com pessoas e conseguiu formar um grupo de voluntários. Assim, por um bom preço, uns fazendeiros, Roberto se incluiu, compraram uma área grande para a construção do hospital. Seria inicialmente um prédio pequeno, acreditando que, com o tempo, seria aumentado. Ronaldo se empenhou junto ao governador do estado para conseguir verbas, e Júnior, com o sogro, doaram uma razoável quantia.

Milton chorou emocionado quando dez operários começaram a trabalhar.

Renan crescia sadio e sapeca.

Numa tarde, Roberto voltava à sede da fazenda, estava a cavalo, tinha ido vistoriar os trabalhos da colheita, e Renata chegava em casa, dirigia o carro, quando dois homens pularam na frente do veículo. Ela parou o carro, um deles abriu a porta e a pegou pela blusa, tirando-a do veículo. Roberto fez o cavalo correr, aproximou-se do outro homem, que estava do outro lado, e fez o cavalo pisotear sobre ele.

Histórias do Passado

– Mato a moça! – gritou o homem que segurava Renata.

O pai, aflito, pulou do cavalo; por um instante, temeu que o bandido a ferisse, pois viu uma faca em sua mão.

O acontecimento foi visto por Marcionília, que gritou:

– Francisco! Francisco, socorra o patrão!

A bondosa e fiel empregada se aproximou com uma vassoura; Cecília, a jovem empregada, foi com uma faca de cozinha; e Francisco, com um pau.

– Corto ela! – ameaçou o homem.

Roberto ficou parado e, com os olhos, mostrou o homem para Francisco, que entendeu e se aproximou do homem caído. Marcionília foi para junto de Francisco, abaixou e pegou uma faca que estava com o bandido caído, desmaiado.

– Francisco – disse Roberto –, quando eu mandar, bata na cabeça deste homem até que vire uma pasta. – Virou-se para o homem que segurava Renata. – Você pode escolher: se ferir minha filha, Francisco mata seu companheiro, e você não dará conta de ferir a ela e a mim, porque avanço sobre você.

– E eu o furo com esta faca – ameaçou Cecília.

O homem pensou por um instante.

– O senhor nos deixará ir embora?

– Largue minha filha!

O homem hesitou, o fazendeiro aproveitou o vacilo dele e lhe deu um murro no rosto, que o tonteou; Roberto puxou Renata e, com certeza, ele seria ferido pela faca do bandido se Marcionília não batesse com a vassoura na cabeça do sujeito, quebrando o cabo. O pai, aflito, chutou a faca e Francisco a pegou.

– Corra, Cecília! Pegue a corda no estábulo, vamos amarrar os dois – pediu Roberto.

O homem atingido pelo cavalo continuava desmaiado. Marcionília o examinou e falou:

– Ele bateu a cabeça no carro, na porta, a lataria está amassada. Parece que não teve fraturas.

Francisco e Roberto vigiavam os dois e os ameaçavam com facas e com o pedaço de pau.

Cecília chegou ofegante com a corda. Francisco amarrou o que estava desmaiado, porque ele já dava sinal de despertar, e depois imobilizou o outro. Foi com eles amarrados que o pai olhou para a filha e a viu trêmula, branca; Roberto sentiu vontade de abraçá-la, mas se conteve.

— Renata, acalme-se, vá de carro à cidade buscar o delegado, e rápido!

— Não sei se consigo!

— Vá, estou mandando! Somente você e eu dirigimos o carro. Não posso ir, tenho de vigiá-los. Poderia pedir para Francisco ir a cavalo, mas iria demorar mais para chegar, e preciso dele aqui. Vá!

— Vou com você — ofereceu-se Cecília, que abriu a porta do carro e entrou. — Venha, dona Renata. Vamos logo!

Renata obedeceu, entrou no carro, deu ré, virou-o e, com velocidade, rumou para a cidade.

— Vocês estão sozinhos? — perguntou Marcionília.

— Quem sabe? — respondeu o que estava desperto.

— Fiquem atentos. Segure essa faca, Francisco, mas continue com o pau. Se surgir mais alguém, cortarei sua garganta — ameaçou Roberto olhando para o que respondia.

— Se não receber um tiro antes... — riu o bandido.

— Sendo assim, vamos arrastá-los até a entrada da casa; lá estaremos seguros.

Roberto pegou um deles pela gola da camisa, e Francisco, o outro, e os arrastaram, enquanto Marcionília, atenta, olhava para todos os lados.

— Está nos machucando — queixou-se um deles.

— Cale a boca! — ordenou Francisco.

— Estamos só nós dois.

— Não confio em vocês — falou o fazendeiro.

Histórias do Passado

"Nunca faria isso", pensou Roberto, "arrastá-los vendo que estão sendo arranhados. Mas não vejo outra alternativa".

Vinte e cinco minutos depois, dois carros da polícia chegaram com velocidade. O delegado e quatro policiais desceram e, com o sinal do proprietário, se aproximaram.

– São esses os bandidos? – perguntou o delegado.

– Sim, e não sei se tem mais – respondeu Roberto.

– Estamos somente nós dois – afirmou um deles.

– Como chegaram aqui? – indagou o delegado.

– Na moto escondida naquele local – mostrou ele –, atrás da árvore, deixei-a deitada.

– Vá lá, cabo Silas, e verifique! – ordenou o delegado e, olhando ameaçador para os bandidos, falou: – É melhor para vocês dizerem a verdade.

Os dois ficaram quietos, Roberto contou o que acontecera e perguntou:

– Onde está Renata?

– Ela mandou lhe dizer que foi à casa de sua tia Elza se recompor e volta logo.

– Renata se assustou! – lamentou-se Marcionília.

O cabo Silas voltou, empurrando a moto.

– Encontrei uma. Pelo rastro, acredito que seja uma moto somente.

Com o revólver apontado para os dois, o delegado deu ordem.

– Dê uma olhada pela redondeza para ver se tem mais alguém.

– Francisco, vá com os soldados, olhem em volta da casa, na estrebaria e no galpão – pediu o fazendeiro.

– Diga a verdade – ordenou o delegado –: estão somente vocês dois? Será bem pior se encontrarem alguém.

– Viemos ele e eu – repetiu o bandido.

– Devem ser dois mesmo – falou o delegado para Roberto –, porque, se tivesse mais alguém, teria vindo ajudá-los ou fugido, e para longe.

Os policiais e Francisco voltaram depois de ter olhado tudo e afirmaram não ter visto nada de diferente.

– Esteja armado por uns dias, senhor Roberto – pediu o delegado –, e atire em tudo que seja suspeito. Quer que dê um corretivo neles?

Roberto sabia que esse corretivo seria uma grande surra.

– Não precisa, eles já se machucaram. Eles não são daqui da cidade. É melhor verificar se não são procurados, foragidos. Posso perguntar algo para eles?

Com a afirmativa da cabeça do delegado, o proprietário da casa indagou:

– Por que vieram nos assaltar? Por que aqui? Por que este local?

– Agradeço ao senhor – respondeu um deles – por não querer que fôssemos espancados. Estávamos na estrada sem saber se íamos ou não à cidade quando vimos a moça sozinha, a achamos bonita, pensamos em nos divertir com ela e a seguimos.

Roberto fechou tanto a mão que as unhas entraram na carne, ferindo sua palma. Esforçou-se para se controlar e continuou escutando.

– Nós a seguimos. Foi isso.

– Por que estão aqui, na cidade? – continuou o fazendeiro indagando.

– Estamos de passagem.

– Quem os mandou?

Roberto pensou em Cacilda.

– Ninguém nos mandou. Juro! – respondeu o bandido.

– Vamos embora – falou o delegado. E ordenou: – Peguem-nos e os coloquem no carro. – Virou-se para Roberto: – Vou logo saber quem são e se estão sendo procurados. Mando avisá-lo ainda hoje.

Foram embora.

– Patrão, tiro ou não a sela do cavalo? – perguntou Francisco.

– Espere um pouco; se Renata não voltar logo, vou buscá-la.

Todos estavam assustados. Roberto foi pegar seu revólver e o colocou na cintura. Renan chorou.

– Ainda bem – disse Marcionília – que o garoto dormia e acordou somente agora.

Renata voltou; Fábio, o filho de Milton, veio com ela e dirigia o carro.

– Tio, vou ficar aqui esta noite e vim armado. Papai quem mandou.

– Estou bem, pai – afirmou Renata.

Entraram na casa e a fecharam.

Eram vinte horas, estava escuro quando o cabo Silas foi à fazenda.

– O delegado mandou dizer ao senhor que os dois são foragidos do presídio que está a duzentos quilômetros daqui. Fugiram somente os dois; sendo assim, não tem mesmo mais ninguém. A moto foi roubada, será devolvida, e os dois irão amanhã voltar ao presídio. A história que contaram é verdadeira, não vieram aqui a mando de ninguém.

Roberto teve vontade de perguntar se eles receberam o corretivo, mas não o fez; parecendo adivinhar, o policial voltou a falar:

– Não batemos neles. Vontade não faltou, porém fugitivos dessa penitenciária recebem corretivos quando recapturados, ficam em solitárias.

O fazendeiro agradeceu ao cabo, e este foi embora.

Passaram a noite em sobressaltos. Pela manhã, após o desjejum, Roberto foi levar Fábio à cidade e passou na delegacia para agradecer a atenção dos policiais e para ter a certeza de que os bandidos não haviam sido mandados à fazenda. Tranquilizou-se ao ver chegar uma viatura com escolta para levá-los de volta ao lugar de onde fugiram.

Novamente Roberto foi ao bar contar o ocorrido.

– Bandidos por aqui?

– Vou me armar.

Escutou alguns comentários e voltou à fazenda.

Milton, Elza e Fábio foram à noite à fazenda jantar com eles. Depois da refeição, aproveitando que Elza e Renata brincavam com Renan, Milton puxou o amigo para o escritório.

– Roberto, fui ao local onde você recebeu ajuda e conversou com Sueli. Disse para Elza que precisava conversar com um colega, um médico que estudou comigo, sobre o hospital. De fato, encontrei-me com esse amigo, que me deu boas ideias. Marquei por telefone uma entrevista com esse grupo e fui. Fiquei, como você, impressionado com o que vi e escutei. Na minha vez de ser atendido, o senhor Antônio falou: "Senhor, pela graça de Deus e por merecimento, nada tem que o prejudique. O que o trouxe aqui? Informou-nos que precisava conversar com um desencarnado". "Sim, senhor, é isso", respondi. "Essa senhora desencarnada pede para lhe dizer que aqui o tempo é usado para auxiliar e pediu para lhe dar um recado: que o ama e o está esperando. Deseja que esteja bem e com saúde." "Somente isso?", perguntei. "É somente isso", afirmou o senhor Antônio. Porém, pelo que ouvi e vi, comprei livros de Allan Kardec e Léon Denis tanto para mim como para você e Renata. Aceita?

– Sim, quero lê-los e agradeço. Pena você não ter conseguido falar com Sueli.

– Mas eu a senti perto de mim, senti seu perfume, e isso me deu paz. Se Sueli tivesse conversado comigo, teria perguntado se Renata é ou não minha filha.

– Você tem dúvidas? Ela se parece fisicamente com você – falou Roberto.

– Falam que, quando a mulher está grávida, se ela pensar muito em algo, a criança nasce parecida com o que a mãe pensou. É até engraçado, eu, médico, dizer isso. Porém já vi coisas que a ciência não explica, não entende e prefere afirmar que é tolice e que o que importa é a genética. Já vi mãe ficar com vontade de comer pêssego e a criança nascer com uma pinta na barriga em formato de pêssego. Assim como cacho de uvas e outras esquisitices. Algumas mulheres olham fotos de pessoas bonitas na esperança de os filhos nascerem parecidos. Com certeza Sueli pensava muito em mim. Pensei no exame de sangue, porém tanto você quanto Sueli e eu temos o sangue A positivo. Penso que não demorará para termos um exame mais preciso para afirmar se um homem é o pai biológico ou não. Se for pelo sentimento, acho que não, nunca senti Renata como filha.

Os dois se calaram por um instante.

"Certamente Sueli, o amando, pensava muito nele. Não devo me aborrecer, não posso mudar os acontecimentos passados", pensou Roberto.

— Voltemos à sala — pediu o dono da casa.

Os três ainda brincavam com Renan. Roberto falou para a filha:

— Renata, Milton nos trouxe de presente uns livros do escritor francês Allan Kardec sobre o espiritismo, nos quais explica a reencarnação e dá orientações para as pessoas que têm vidência, que sentem a presença de espíritos.

— Que bom! Obrigada, tio Milton!

O médico foi buscá-los no carro e deu um pacote a Renata.

Logo se despediram. Renata abriu o pacote e pegou um livro.

— Pai Roberto, vou lê-los, faz tempo que me interesso por esse assunto — Renan chorou, e ela foi pegá-lo.

Roberto percebeu que a filha começou a evitá-lo, estava triste e apreensiva.

"Será que foi pela violência que sofreu com aqueles homens que Renata está assim?"

Isso o preocupou e não sabia o que fazer.

10º capítulo

Uma situação inusitada

Renata, dizendo estar com dor de cabeça, assim que Renan dormiu, não eram ainda vinte horas, subiu para seu quarto. Roberto foi para o escritório e ficou pensando. Exclamou em voz baixa:

– Meu Deus! Como tenho sofrido! Por que isso? O que sou? Um monstro? Isso é castigo? Poderei entender este sentimento pela reencarnação? Ajude-me, Deus! Por favor!

Acomodou-se melhor na poltrona e pensou:

"Amo você, Renata, não como filha, mas como mulher. É pecado? Como entender? Há tempos luto contra esse amor. Amor é pecado? Talvez, no meu caso, seria pecado se esse sentimento se tornasse ação. Isso nunca! Sempre amei muito meus filhos, mas com Renata sempre foi diferente. Sueli me explicou, quando uma vez lhe falei sobre isso: 'É porque ela é menina, pai ama mais as filhas'. Porém, fiz de tudo para que essa preferência não fosse notada, e não foi, os garotos nunca reclamaram. Quando Renata era adolescente que percebi que a amava de forma diferente. Guardei esse sentimento só para mim. Cacilda foi uma tentativa para que a esquecesse. Quando Renata foi estudar fora, achei bom por não vê-la tanto. Tinha ciúmes de seus namorados e me sentia aliviado quando seus namoros não davam certo. Ela sempre via nos seus admiradores muitos defeitos. Quando entendi que meu amor ultrapassava o paterno, pensei que ia enlouquecer. Resolvi que ninguém iria saber. Ela voltou para cá, e vê-la, estar com Renata aqui, já me basta. Agora a estou vendo triste, não está bem, e sofro. Como seria se ficássemos juntos? Como comentariam! Seríamos apontados como monstros, uma aberração. Conseguiríamos ser felizes? Talvez se fôssemos embora daqui, da fazenda, da cidade. Siana, a senhora benzedeira, naquele dia, me disse que não deveria me importar com comentários. Fui alvo de muitos falatórios ultimamente e, se Renata e eu ficássemos juntos como homem e mulher, seríamos escorraçados. Como Júnior e Ronaldo reagiriam? Que penso, meu Deus? Se isso ocorresse, teria de contar sobre os acontecimentos do passado. Mancharia a honra de Sueli e de Milton, prejudicando-o como médico e marido e, até por desconfiança, talvez não tivesse mais o hospital, deixando tantas pessoas sem atendimento. Sei como são e agem as pessoas por aqui. E Elza? Como reagiria? O mais prejudicado com certeza seria o Júnior, que zela muito pela sua reputação. Como nós dois conviveríamos com tantos problemas? Ai! Estou pensando como se meu amor fosse correspondido. Se falar sobre isso com Renata, ela se assustaria, fugiria horrorizada, pensaria que sou um monstro e, às vezes, sinto-me assim. O que me consola é que sufoco esse

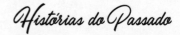

sentimento. Já me perguntei tanto: Por quê? Por que não a amo como filha? Senti-me melhor quando pensei que Milton era o pai dela; depois dessa nossa última conversa, não posso ter essa certeza. Ela pode ser, sim, minha filha biológica. Porém, serei sempre seu pai. É assim que tem de ser!"

Chorou. Foram muitas as vezes que Roberto chorou por esse motivo. Não queria nunca ter esse sentimento, lutou, esforçou-se, mas a amava.

Então resolveu guardar esse amor no seu íntimo, só para ele; nunca deixar transparecer e respeitar a filha.

Sentindo-se cansado, triste, orou com sinceridade, sentiu-se melhor e foi dormir.

Júnior veio com Sílvia à fazenda para passar o final de semana e contar a novidade, ela estava grávida. O movimento os distraiu. Sílvia, embora não tivesse comentado, transparecia em seu rosto que o sogro agira imprudentemente tendo um filho sem ser casado e com a idade que tinha.

No outro final de semana, foram Ronaldo, Hellen e os pais dela. Foi uma visita agradável. Ronaldo queria que o pai e a irmã conhecessem seus sogros, e ficaram noivos. O casamento seria três meses depois.

Voltaram à rotina, pai e filha não se encontravam muito. Roberto tomava café mais cedo, Renata almoçava antes, às vezes jantavam juntos. E foi durante o jantar que a jovem informou:

— Pai Roberto, vou embora!

O genitor nada falou, continuou comendo, nem a olhou.

"Isso", pensou, "estava marcado para acontecer. A vida aqui é monótona demais para uma jovem. Talvez seja melhor".

— Vou procurar trabalho. Irei para uma cidade no litoral.

— Por quê?! — Roberto se admirou. — Pensei que fosse para a cidade onde seus irmãos moram.

— Lá os dois me controlam como se eu fosse a irmãzinha, a menina que precisa de cuidados. Quero, preciso, ser independente. Você me ajuda financeiramente no começo?

– Sim.

A resposta dele foi lacônica, queria ter conseguido falar, opinar. Mas o quê?

– Você dará conta de cuidar de Renan? – perguntou Renata.

– Merci me ajuda. Posso contratar uma babá. Nunca interferi na vida de vocês. Faça o que julga ser melhor para você, filha – Roberto falou "filha" com voz mais forte, deu ênfase a essa palavra.

– Vou dormir, boa noite!

Ele observou a filha, percebeu que ela estava abatida e havia emagrecido.

"Talvez seja por estar aqui. Ficou em conflito porque prometeu me ajudar com Renan. Vou fazer tudo o que ela me pedir", decidiu Roberto.

Ronaldo era querido, sempre teve muitos amigos. Organizou seu casamento, e este seria simples. Não se casaria na igreja, mas no civil, num salão, onde seria a festa. Fez questão de falar que não seria um evento chique. Reservou hotéis para todos os que iriam. Desta vez, Marcionília ia, levaria Renan e, para ajudar a cuidar dele, Cecília também iria. A família de Milton resolveu ir. Renata não tocou mais no assunto de ir embora, Roberto achou que ela estava esperando pelo casamento do irmão, porém a moça continuava calada, triste e abatida. De repente, ela mudou. Numa manhã, Renata foi com Marcionília à casa de Siana levar alimentos e voltou diferente.

Roberto a sentiu mais tranquila, como se tivesse resolvido um problema que muito a afligia. Este fato tranquilizou o pai.

Foram ao casamento. Sílvia, grávida de sete meses, exibia sua barriga. Tanto a viagem – foram de carro, Roberto, Renata, Marcionília, Cecília e Renan – como a estadia foram agradáveis. Deu tudo certo, o casamento foi muito bonito, todos os convidados estavam descontraídos, e os noivos, felizes.

Voltaram à fazenda, Renata não falou mais em ir embora e se dedicou mais à Casa Abrigo e à construção do hospital.

Siana morreu, desencarnou, encontraram-na morta e, pelo que constataram, ela fez sua passagem para o Plano Espiritual de madrugada. Todos sentiram, ela realmente ajudava todos por ali.

Um dia, quando iam jantar, um garoto veio da cidade de bicicleta trazer um bilhete.

– Doutor Milton quem mandou – informou o garoto.

Roberto sempre ficava apreensivo ao receber um bilhete. Renata, indo todas as tardes à cidade, os irmãos telefonavam para ela quando queriam dar recados, e Roberto estava sempre indo telefonar para eles. Fora de hora, era problema. O fazendeiro abriu o envelope, pegou o bilhete e leu em voz alta:

– "Roberto, por favor, venha aqui em casa, preciso de seu conselho. Não é nada grave nem é com seus filhos, é com o meu. Milton."

– O que será que aquele rapaz aprontou? – Renata ficou curiosa.

– Vamos jantar – determinou Roberto – e depois iremos à casa de Milton. Merci fica com Renan – olhando o garoto que esperava pelo pagamento, lhe deu dinheiro e pediu: – Fale para o doutor que estamos indo.

Jantaram, alimentaram-se com pressa. Roberto estava preocupado, era a primeira vez que Milton pedia uma ajuda assim. Pai e filha, de carro, foram à cidade. Foi Elza quem abriu a porta, estava com os olhos vermelhos de chorar. Por um instante, Roberto temeu que ela descobrira o segredo deles, do envolvimento de Milton com Sueli. Talvez por isso que o médico, percebendo, falou rápido.

– Obrigado por ter vindo, amigo. Estamos com um problemão com o Fábio e penso que você pode nos ajudar. Fábio vai ser pai duas vezes.

As visitas se sentaram no sofá. Por instantes ficaram calados. Estavam na sala Marisa, filha do casal; Fábio; o médico; Elza; e agora Roberto; e Renata.

– É melhor explicar – falou Milton. – Todos nós sabemos que Fábio namora Luciana, e há tempos, três anos. Ele, esse... bem, Fábio a traiu. Não sei se vocês conhecem uma moça que se chama Marilda, foi com essa garota que esse desajuizado teve uma aventura. Resultado: as duas estão grávidas.

Renata abriu a boca, mas não falou nada, e Roberto ficou esperando o amigo acabar de contar, porque, naquele momento, não sabia como poderia ajudar.

– Não sabemos como resolver – disse Elza enxugando o rosto –, queria tanto ter netos, ser avó, e agora não sei.

Todos olhavam para Fábio, que estava nervoso e demonstrava estar com medo. O que ele queria era que eles resolvessem seu problema.

– Sabem que estudo advocacia – falou Fábio –, venho aqui nas férias e emendas de feriados. Namorava Luciana, digo "namorava" porque ela agora me odeia e quer me matar. O fato é que não forcei ninguém.

– Ainda bem – interrompeu Milton, que estava exaltado. – Porque, se tivesse forçado alguma delas, com certeza você morreria pela surra que lhe daria.

– Vamos nos acalmar – pediu Roberto –; continue contando, Fábio, para sabermos o que ocorreu.

– Preciso de ajuda – Fábio tremia. – Que situação! Por que comigo?

– Não sabe mesmo por que aconteceu com você? – Milton não conseguia se acalmar.

– Milton, por favor – rogou Roberto –, agora não adianta. Fale, Fábio! Vamos tentar resolver seu problema.

– Saí também com Marilda. Deixava Luciana na casa dela e me encontrava com essa outra garota. Marilda sabia que namorava Luciana, mas esta não sabia da outra. Tudo aconteceu hoje pela manhã, cheguei à cidade, e Luciana me contou que estava grávida. Assustei-me, realmente não estou preparado para ser pai, não quero parar de estudar, falta um ano e quatro meses para me formar. Luciana achou muito ruim eu não ter me alegrado. Discutimos e, quando voltei para casa, Marilda me esperava e me deu a mesma notícia. Apavorei-me. Marilda saiu daqui e falou de sua gravidez a todos que encontrou pela rua; não satisfeita, foi à casa de Luciana e contou para ela. Minha ex--namorada veio aqui em casa, gritou comigo, me bateu, tirou o sapato do pé e me agrediu, disse para eu desaparecer, porque, se ela não me matar, o pai dela o faz.

— É melhor tomar cuidado – disse Roberto. – Vou levá-lo para a fazenda.

— Roberto! – Milton se admirou. – É assim que ajuda? Acobertando o moleque?

— Não se exalte, por favor! – pediu novamente Roberto. – Vamos resolver por partes.

— Você quer ficar com quem? – perguntou Renata.

— Com ninguém – respondeu Fábio. E explicou: – Marilda foi uma aventura, uma garota que sai com muitos rapazes, não a quero. Casar com ela é ser traído. Até pensei que amava Luciana, agora estou com medo dela, nunca pensei que fosse violenta. As duas me enganaram, afirmavam que evitavam filhos. Penso que minha ex-namorada armou para casar. Depois, ela não me perdoará, casar-me com Luciana seria viver num inferno.

— Penso que você merece se casar com as duas – falou Milton.

Roberto olhou para o amigo, que entendeu e se calou.

— Ronaldo! – lembrou Roberto. – Posso ligar para ele? Com certeza encontrará uma solução.

Com a afirmativa do dono da casa, Roberto foi até o aparelho telefônico e pediu para a telefonista a ligação que, naquele horário, seria logo completada. Marisa serviu um café.

A ligação ficou pronta, e Ronaldo atendeu.

— Papai! Aconteceu alguma coisa?

– Em casa tudo certo e bem. É com o Fábio. – E, sem rodeios, Roberto contou rápido: – Luciana está grávida e, como Fábio a traía, a outra também engravidou.

Ronaldo deu uma risadinha.

– Alguma delas é menor de idade? – Ronaldo quis saber.

– Luciana ou Marilda é menor de idade? – perguntou Roberto.

– Não – respondeu Fábio. – Luciana tem vinte e um anos, e Marilda deve ter uns vinte e quatro.

– Escutou, Ronaldo? – indagou Roberto.

Fábio se aproximou do telefone e dividiu com Roberto o aparelho.

– Sim – respondeu Ronaldo –, isso é favorável a Fábio. Pelo menos fica livre de ser processado, preso ou obrigado a casar. O que ele pretende fazer ou quer?

– Não quero me casar – afirmou o rapaz –, porque Luciana, traída, quer me matar, e penso que a outra talvez queira dinheiro.

– O melhor, pai, é Fábio voltar para cá, e rápido. Irá passar. Penso que o tio Milton e a tia Elza devem estar muito aborrecidos. Devem conversar com as moças e com as famílias delas e dizer que Fábio registrará as crianças como pai e dará a pensão. Quanto a Luciana, espere a ira passar para resolver. Depois dele formado, poderão se casar.

Ronaldo ia falando e Roberto repetindo.

– Não quero me casar, Ronaldo – afirmou Fábio.

– Isso se resolve depois – falou o advogado. – Uma dificuldade de cada vez. Vou pensar no assunto e, depois de concluir, telefono.

Roberto desligou o telefone, virou-se para o amigo e opinou:

– Vamos amanhã cedo, nós quatro, você, Milton, Elza, Fábio e eu, nas casas dessas duas moças. Para Marilda, diremos que Fábio registrará a criança e lhe dará uma pensão. Para a família de Luciana, a mesma coisa, e que os dois decidirão mais para frente o que farão e se vão ou não ficar juntos.

– Eu que arcarei com as despesas! – O O médico suspirou, estava realmente muito triste. – Mas isso até você, Fábio, se formar. Inconsequente! Nunca prestou atenção em mim e na sua mãe? Tivemos filhos com responsabilidade. Moleque!

– Eu não queria filhos! Não agora! – Fábio se defendeu.

– Não sabe como eles são feitos? – Milton realmente estava nervoso.

Roberto resolveu novamente interferir.

– Vamos, Milton, tentar resolver da melhor forma possível esse problema. Amanhã, domingo, pela manhã irei com você conversar com as famílias dessas moças. Casar com as duas é que não pode.

– É o que deveria acontecer – falou Milton. – Parar de estudar, casar com as duas, trabalhar dia e noite para sustentá-las.

– Por favor, papai – pediu Fábio –, parar de estudar não. Sou ótimo aluno, amo estudar. Irei gastar menos, segunda-feira mesmo vou me mudar, sei de uma vaga numa casa onde moram cinco estudantes, irei para lá, cortarei todos os meus gastos extras, vou pedir trabalho a Ronaldo e aproveito para fazer estágio. Parar de estudar não, por favor!

Os amigos se olharam, e Milton concordou:

– Está bem, continue estudando, mas, se o pai de Luciana exigir que case com ela, você se casará.

– Para separar – Marisa, pela primeira vez, opinou. – Fábio vem reclamando há tempos de Luciana, ele não a ama, tanto que queria que ela soubesse que estava saindo com Marilda e terminasse o namoro. Se meu irmão se casar, será para separar.

– Ou ela ficará viúva, porque Luciana jurou que me mata – Fábio estava realmente assustado.

– Com certeza essa moça não fará nada – afirmou Roberto. – Devemos pensar que ela está sofrendo, tanto com sua traição como com o medo de ser mãe solteira.

Milton ameaçou bater no filho, Elza o segurou. Roberto nunca o tinha visto assim. Fábio foi para seu quarto. Pai e filha se despediram, voltaram para a fazenda.

– Sinto pena de todos – falou Renata. – Meus tios estão sofrendo e envergonhados com a atitude de Fábio, e ele não quer ser pai. Marilda sai mesmo com muitos garotos: ou foi um descuido ou é uma tentativa de se dar bem com a pensão. Espero que seja boa mãe. Luciana é, na minha opinião, a mais prejudicada: saber da gravidez e da traição de uma vez foi muito para ela. Você irá mesmo junto conversar com elas?

– Vou, Milton pode se exaltar, ele sempre me ajudou, e eu devo tentar ajudá-lo. Poderá parecer a essas famílias que estou me intrometendo, não me importo, irei junto e tentarei apaziguar. Senão, Milton casa Fábio com as duas.

Riram.

– A situação não é para rir – comentou Renata –, mas é inusitada. Tio Milton com certeza vai bater em Fábio.

– Elza impedirá, ele já recebeu uns tabefes de Luciana, está com o rosto em três lugares machucado.

No outro dia, Roberto, Milton, Elza e Fábio foram primeiro à casa de Luciana. Os pais dela o esperavam na sala. A moça não estava presente. Após cumprimentos, ficaram calados, uns esperando os outros começarem a falar. Roberto, que sempre gostou de ser direto, disse:

– Estamos aqui para tentar resolver o assunto delicado em que se envolveram esses jovens.

– Minha filha está grávida desse aí! – falou o pai de Luciana em tom agressivo.

Milton ia se alterar. Ele achava que o filho agira errado, dera-lhe uma bronca, ameaçara surrá-lo etc., mas com certeza não permitiria que o ofendessem. Roberto resolveu falar, impedindo que o amigo o fizesse.

– Senhor, viemos aqui preocupados em resolver a situação. Entendemos que é um problema difícil. Falta um ano e alguns

Histórias do Passado

meses para Fábio se formar, gostaríamos que entendessem a necessidade de o garoto acabar seus estudos. Formado, terá possibilidade de ganhar mais. Milton arcará com as despesas dessa criança. Os dois jovens, com certeza, se entenderão depois.

– Eu ficarei com a filha solteira e com o neto!

– Ele também será pai solteiro! – exclamou Elza.

– Não é a mesma coisa! O sem-vergonha será pai duas vezes – o genitor de Luciana estava indignado.

– Senhor – Roberto tentou apaziguar os ânimos –, por favor, não viemos aqui para sermos ofendidos. Sabemos bem a diferença entre pai e mãe.

– Fábio é um vagabundo! Ordinário! Não vale o pão que come! – o dono da casa se irou.

– Senhor – Roberto continuava calmo –, pelo que sei, sua filha não foi estuprada, e não se faz um filho sozinho. Por favor, vamos conversar.

– Devo muitos favores ao senhor, doutor Milton, porém seu filho não presta – falou a mãe da jovem grávida.

– Vamos resolver, e agora – determinou Roberto. – Fábio irá continuar estudando; depois de formado, se os dois se entenderem, se casarão. Luciana é maior de idade e, com certeza, sabia bem o risco de uma gravidez se tivesse relações sexuais com o namorado. Milton dará uma pensão à criança até Fábio começar a trabalhar. É isso! Depois, como pode haver um casamento com tanta mágoa?

– Pelo jeito já decidiram – falou o pai de Luciana. – Uma pergunta: por que o senhor está aqui?

– Respondo – disse Roberto. – Fui convidado e estou aqui para tentar resolver essa dificuldade.

– Resolvido! – falou em tom alto o dono da casa. – Não quero mesmo um canalha para genro e não preciso de dinheiro. Agora fora de minha casa!

– Não precisa ser assim – pediu Elza –, afinal seremos avós. Não podemos resolver de forma mais conciliatória?

Acalmaram-se para depois se exaltarem novamente.

– É melhor irmos embora – decidiu Milton. – Se desculpas resolverem, peço umas mil.

– Desculpas não resolvem, sou eu que terei uma filha mãe solteira! – falou o genitor de Luciana.

Roberto teve de engolir mais algumas indelicadezas e não responder para não piorar a situação. Pensou:

"Se estivesse no lugar dele, o que faria? Penso que não daria um vexame e assumiria o neto."

Saíram sem se despedir. Milton tremia. Roberto e Elza tentaram acalmá-lo e tiveram de segurá-lo quando Fábio expressou:

– Deus me livre de um sogro assim!

Foram à casa de Marilda. Seus pais eram separados, e ela morava com a mãe. As duas os esperavam. Foram simpáticas, convidaram para entrar, sentar e ofereceram café, que foi recusado.

– Senhora – disse Roberto –, viemos aqui para resolver o problema que envolve os dois jovens.

– Marilda está grávida – disse a mãe.

– Fábio – falou Marilda –, se quiser, irei com você à cidade em que estuda, conheço o apartamento que mora, poderemos morar lá você, o neném e eu.

– Não! – Fábio respondeu rápido e espontâneo. Depois de um suspiro, tentou explicar: – Marilda, você deve estar sabendo que Luciana também está grávida.

– Sei. Quem diria que aquela fingida de santa iria transar com o namorado? Vai casar com ela? Luciana o quer matar!

– Não vou casar. Nunca! Estamos aqui para lhe dizer que assumirei o filho, ou filha, registrarei, darei uma pensão e somente isso.

– Que pena! – exclamou Marilda. – Poderíamos nos divertir juntos!

– Estou mudando daquele apartamento e irei morar com outros estudantes.

– Não me importo, acho até divertido – Marilda riu.

– Isso está decidido – afirmou Fábio. – Não preciso me casar com você, já que é maior de idade.

– O que nos propõe? – perguntou a mãe. – Como vê, somos pobres. Como arcar com as demais despesas?

– Assumo a pensão – disse Milton, que estava profundamente triste – enquanto Fábio estuda.

– Aceito – concordou a senhora – e peço ao senhor começar já a nos ajudar, grávida precisa de cuidados, boa alimentação, roupas etc.

– Darei... – Milton falou em tom baixo uma quantia.

– Quanto? – a senhora não escutou.

Roberto interferiu e falou menos, pois achou ser muito o que o amigo oferecera.

– Concordo – falou a mãe de Marilda.

– Estamos resolvidos! – decidiu Roberto.

– Fábio, venha à noite aqui para conversarmos – convidou Marilda.

Despediram-se, e Roberto os empurrou para fora. Aproximou-se de Fábio e cochichou:

– Vá embora, e logo!

– Estou com as malas prontas, distraia meu pai – Fábio estava com medo de seu genitor.

Foram para a casa de Milton.

– Parece que as pessoas nos olham cochichando – observou o médico.

– Milton, lembra do texto do Evangelho que leu para mim? Aplique em sua situação. Quem aqui na cidade não lhe deve um favor? Continue agindo como sempre. Queria tomar um café, ou preciso de um.

Marisa, rapidamente, os serviu.

– Nossas despesas aumentarão – queixou-se Elza.

– Qualquer um é o nosso próximo – falou Roberto. – Os de nossa casa, a família, são o próximo mais próximo, não esqueçam disso. Vocês precisam de dinheiro? – Elza negou com a cabeça. – Se precisarem, eu tenho como ajudá-los, não se esqueçam disso.

Elza o abraçou.

– Obrigada, Roberto! Foi muito bom você ter ido conosco. Que contraste! As visitas foram muito diferentes, e me entristeci com as duas.

Marisa fez um sinal para Roberto, indicando que Fábio já tinha ido embora, e opinou:

– Penso que nenhuma das duas seria boa esposa, nora ou cunhada. Isso passa, como tudo na vida.

– Cadê aquele moleque? – perguntou Milton lembrando do filho.

– Foi embora – respondeu Marisa.

– É melhor, Milton, que Fábio volte para a cidade em que estuda – opinou Roberto.

– Papai – avisou Marisa –, o senhor Manoel teve outra crise, está passando mal, vieram chamá-lo.

– Continue, amigo, a fazer o que sempre fez. Vou embora – Roberto se despediu.

Chegando à fazenda, contou o que acontecera para Renata e Marcionília.

– Penso – opinou Renata – que solucionaram da melhor maneira possível.

Roberto desejou que realmente tudo se acertasse.

11º Capítulo

Um período tranquilo

Houve, como era costume na cidade, muitos falatórios. Fábio cumpriu o que prometera, entregou o apartamento e foi morar com outros estudantes, e Ronaldo lhe deu emprego. A despesa dele diminuiu para um terço. Milton passou a dar, todo mês, dinheiro para Marilda, e ela e a mãe saíram do emprego, viveriam de pensão. Luciana não saiu mais de casa, estava envergonhada, e Fábio não foi mais à cidade.

Roberto recebeu uma carta, não conhecia o remetente, era de uma cidade mais ao norte do país, e, curioso, leu e releu. A missiva era de um senhor que, pelo que escrevera, era viúvo e queria obter informações sobre Cacilda e a mãe dela. Não escrevera o motivo, mas Roberto concluiu que talvez estivesse interessado num relacionamento sério ou casamento.

Depois de pensar, respondeu. Escreveu: que de fato Cacilda e Evita estiveram morando na fazenda, porém haviam omitido que Evita era a mãe de Cacilda, que a apresentou como sua empregada; e com as duas estava também o amante da jovem; que estas o recebiam na casa quando ele não estava; e que haviam sido dispensadas por este motivo. "Este homem", Roberto o descreveu, "não sei se o nome que tem é o que conheço", e escreveu o nome dele. Recomendou ao senhor que obtivesse informações com os parentes do marido falecido dela e deu o endereço, isto se ele quisesse ter um relacionamento amoroso com ela.

Releu a resposta e a enviou. Vinte dias depois, recebeu outra carta. O senhor escreveu que verificara e vira que, por ali, estava o tal homem que Roberto descrevera como o amante. Contratara um detetive que fora para ele investigar junto à família do senhor que fora casado com Cacilda. Ficara horrorizado com o que soubera e as expulsou da casa dele. Ficara chateado porque tinha intenção de se casar com Cacilda. E agradeceu.

"Que pena!", pensou Roberto. "Os três ainda estão tentando dar golpes. Será que aquele desencarnado a está ainda perseguindo? Quem sabe se, desta vez, que novamente deram errado seus planos, os três passam a ser honestos."

Pai e filha e, às vezes, Marcionília, pelo menos duas vezes por semana, após o jantar, faziam uma leitura: um deles lia em voz alta um texto de um dos livros de Allan Kardec. Era Renata quem escolhia o texto e, após a leitura, costumavam comentar o que havia sido lido, tentar resolver um problema que os afligia ou orar por alguém. Numa noite, Renata comentou sobre um acontecimento que a chocara.

– Vocês souberam o que Helena fez? Como entender? Penso que as diferenças já começam nos nascimentos. Helena veio para a Casa Abrigo, teve sua filhinha e, oito dias depois, saiu, deixando a criança. Ela chegou ao abrigo com uma sacola com algumas roupas dela e nenhuma para a neném, nós que fizemos o enxoval. Tantas crianças, ao nascer, são recebidas com amor e com o enxoval completo; outras, nem uma fralda as espera. Lei da ação e reação, causa e efeito, do retorno? Somente conseguiremos entender fatos assim por esses ensinamentos. Reencarnação! Trabalhando na Casa Abrigo e vendo tantas diferenças, se não tivesse conhecimento da Lei da Reencarnação, talvez me tornasse ateia.

– Foi com esses livros que vejo você sempre lendo que entendeu tudo isso? – perguntou Marcionília.

– Sim, foi com os livros que leio. Abençoadas obras! – respondeu Renata e explicou: – A reencarnação é conhecida há muito tempo, não são somente os espíritas que a explicam, existem outras religiões que entendem esse processo tão simples, que é a volta de nosso espírito em corpos físicos, por muitas vezes.

– Penso, e isso para mim é muito importante, que ninguém vai para o inferno eterno. Que pai castiga um filho assim?! – exclamou Marcionília, que estava atenta às explicações de Renata.

– Quando queremos, prestamos atenção, conseguimos ver as diferenças – concluiu Roberto. – Tenho certeza de que existem motivos para a filha de Helena nascer nessa situação. Essa moça deveria ter perdoado, tentado obter ajuda e não ter feito o que fez. O que aconteceu com a nenenzinha?

Roberto relembrou o acontecido. Helena, moradora de uma fazenda, viera para a Casa Abrigo e pedira ajuda. Contara que fora estuprada muitas vezes e engravidara. Na casa, recebeu alimentos, Milton cuidou dela. Teve a neném, a deixou e saiu escondida da casa. Foi ao lugar em que morava e matou o homem que a estuprara. Era um empregado de confiança do fazendeiro, um valentão. Ela atirou nele.

Helena roubara a arma de uma casa vizinha ao abrigo. A senhora dona dessa casa e que fazia trabalho voluntário no abrigo contou que dissera à jovem mãe que tinha uma arma em casa e onde a guardava. Helena foi à residência quando essa senhora estava no abrigo, roubou a arma, saiu, foi à fazenda, matou o homem e se entregou para a polícia.

– A mãe dessa moça – respondeu Renata –, embora muito pobre, veio buscar a neta. Vamos ajudá-la, e eu estarei sempre atenta para auxiliar essa avó quando ela precisar. O patrão desse homem afirmou desconhecer o que seu empregado fazia e resolveu ajudar também. Helena está presa; vamos nós, as voluntárias do abrigo, pagar um advogado para ela, e esse profissional vai se empenhar para absolvê-la, baseado no fato de que esse homem falou a muitas pessoas que ia matar a neném e continuar forçando Helena a se relacionar com ele.

– O que será que aconteceu com esse homem maldoso depois que morreu? Ouvi dizer que ele fazia muitas maldades – Marcionília estava curiosa.

– Acredito – respondeu Renata – que sofrerá pelos seus atos errados; quando se arrepender, poderá ser auxiliado. Talvez, em sua próxima encarnação, sofrerá e passará por situações difíceis para aprender a não maltratar mais ninguém. Esse neném deve estar tendo um aprendizado porque, quando nos recusamos a aprender pelo amor, a dor tenta ensinar. São diferenças que somente entendemos pela reencarnação.

Sílvia teve um menino. Renata foi antes, de trem, para ficar com ela. Quando nasceu, Roberto foi conhecer o neto e regressou antes de Renata. Em casa, tudo estava normal, Roberto evitava ficar sozinho com a filha e não percebeu que ela agia da mesma forma.

O filho de Júnior era sadio, lindo e teve excesso de tudo, enxoval, cuidados, era amado e foi muito esperado.

"Somente a reencarnação para explicar", concluiu Renata, "essa diferença entre o filho de Sílvia e Júnior com o de Helena".

Os filhos de Fábio nasceram com uma semana de diferença. Luciana foi ao hospital da cidade próxima e teve uma menina. Marilda teve a criança na casa dela, um menino. Fábio, que não voltara mais à cidade, fora para conhecer as crianças e as registrar. Marilda e a mãe dela estavam tranquilas, disseram que ele e a família poderiam ver o menino quando quisessem e até levá-lo para a casa deles para passear. O pai de Luciana recebeu a pensão e estipulou dias para visitas. Luciana se recusou a ver Fábio. A moça pensava que o ex-namorado iria lhe pedir perdão e propor casamento e, como Fábio não o fez, sentia-se magoada.

Hellen ficou grávida. A família aumentou. Ronaldo teve um filho e, logo após, nasceu uma menina; Sílvia e Júnior tiveram mais um menino. Sempre, quando ia nascer um sobrinho, Renata ia antes e ficava mais dias. Roberto ia somente para conhecê-los. Júnior e Sílvia iam pouco à fazenda, sempre davam desculpas: era uma das crianças doente, viagens etc. Mas Ronaldo vinha sempre. Renan amava os "sobrinhos" e brincava muito com eles.

O hospital foi construído e estava sempre sendo aumentado. Outros dois médicos e uma médica foram trabalhar nele, diminuindo o trabalho de Milton. A Casa Abrigo mudou de função, abrigava as famílias dos doentes quando esses estavam internados ou os enfermos que recebiam alta, mas teriam de ficar na cidade, pois grande parte dos que procuravam atendimento médico residiam na zona rural.

Fábio se formou, arrumou um bom emprego, mas, jovem, querendo aproveitar para viajar e passear, dava a metade da pensão, e Milton continuou bancando os netos. Luciana arrumou um namorado, se casou, e a filha dela com Fábio ficou com os avós maternos, que amavam demais a neta. Marilda teve uma filha de um outro envolvimento e recebia outra pensão. O filho dela ia sempre à casa dos avós, e Elza cuidava dele.

Helena foi absolvida, voltou para a casa de seus pais e cuidava da filha, tentava ser boa mãe. Elza a empregou, passou a trabalhar na Casa Abrigo.

– Ainda bem – comentou Renata em casa – que ela não transmitiu a raiva, rancor, à filha pelo que lhe aconteceu. Porque sei de uma história em que a mãe jogou a criança que teve no lixão, e o neném quase que morreu.

Tanto Cecília como Francisco eram bons empregados, casaram-se, e Roberto aumentou a casa onde Francisco morava, perto da sede, para o casal residir. Cecília ficou grávida e foi, para ajudar Marcionília, Silvana, uma senhora viúva que morava na cidade. Cecília teve dois filhos perto um do outro, continuou trabalhando somente algumas horas por dia.

Marisa, a filha de Milton, ficou noiva; Elza fez uma pequena recepção. Roberto sabia que o médico amigo não estava, nunca esteve bem financeiramente. Seus pacientes eram muitos, ele trabalhava demais, porém eram poucos os que pagavam e, mesmo aqueles que podiam pagar, abusavam: se pagavam uma consulta, voltavam pelo menos mais umas três vezes sem o remunerar. Quando os outros médicos foram para a cidade, puseram normas para os pagamentos das consultas. Foi então que muitos perceberam o tanto que exploravam o velho médico.

Roberto levou um cheque, uma quantia razoável, e presenteou Marisa.

– Tio! É muito dinheiro! – a jovem se espantou.

– Você é minha afilhada. Sabe que é a única afilhada que tenho? Quero que, com esse dinheiro, você compre seu enxoval.

Marisa lecionava, e, como sempre ocorreu e infelizmente ainda acontece, professores não são bem remunerados. O noivo trabalhava na estação, era uma boa pessoa, mas também não ganhava muito. Roberto e Renata foram os padrinhos de casamento de Marisa, e ele fez questão de lhe dar um bom presente e ajudar Milton na festa que fizeram. Foi um casamento simples, mas muito bonito. Roberto se emocionou na cerimônia ao estar perto da filha vestida com uma roupa linda, ela estava muito bonita. Renan crescia sadio e muito sapeca. Estava sempre andando pela fazenda; pequeno ainda, aprendeu a andar a cavalo, se sujava demais, deitava na grama, na terra...

— Papai, amo a terra! — repetia sempre.

Fazia muitas artes, as empregadas estavam sempre atrás dele e às vezes reclamavam. Roberto tentava educá-lo. Colocava-o de castigo, estabelecia limites e, quando o garoto se excedia, recebia umas palmadas.

Uma vez Renan subiu numa árvore e não sabia descer. A árvore era alta, e ele ficou num galho mais fino.

— Senhor Roberto, venha ver onde Renan está. Subiu numa árvore e não sabe descer; se o galho quebrar, ele cairá de uma altura de uns três a quatro metros — Marcionília foi correndo chamar o patrão.

Roberto e Francisco tentaram descê-lo.

— O galho não aguenta mais nenhum peso — observou Francisco. — A escada não chega até ele. Vamos içá-lo.

Passaram a corda num galho grosso e forte da árvore. Roberto segurou numa das pontas da corda, e Francisco subiu na escada, fez um laço na outra ponta da corda e ordenou:

— Pegue a corda, Renan, coloque o laço embaixo de seus braços e segure com força.

Jogou a corda, e, na segunda tentativa, Renan a pegou e fez o recomendado. Roberto, segurando a ponta da corda, ordenou:

— Pule, Renan!

O garoto pulou, e Roberto, devagar, foi o descendo. As empregadas estavam aflitas. Quando Renan chegou ao chão, gritou:

— De novo! De novo! Vou subir!

— Não! — exclamaram todos.

— Garoto levado! — exclamou Roberto — Por que subiu? Por que desobedeceu? Já não lhe foi falado, recomendado, que não é para subir em galhos mais finos?

Deu duas palmadas em seu bumbum, e o menino chorou, tanto pelas palmadas como por ver o pai bravo. Renan ficou de castigo para pensar no que fizera.

Renata o matriculou no maternal, mas Renan não gostava de ir à escola.

— Já fui ontem. Por que tenho de ir hoje?

A irmã argumentava, Roberto ficava bravo. Renata o levava, e eram muitas vezes em que ele ficava chorando na escola. O garoto preferia ficar em casa brincando pelo pomar e jardim.

Estavam sempre falando a ele da necessidade de estudar, de ir para a escola.

— Se você não estudar, Renan, vai virar um burro de carga — disse Marcionília.

O menino pensou por um instante e perguntou ao pai:

— Papai, Pono era um filho seu?

— Como? — Roberto não entendeu.

Pono era um burro, um animal dócil da fazenda.

— Ele é burro! — exclamou Renan.

O fazendeiro se segurou para não rir e tentou explicar:

— Não, querido, Pono é um animal; a mãe dele é a Zinha. Ele nasceu assim como é. Pessoas não viram animais. O que Merci quis dizer é que, com estudo, o trabalho das pessoas pode ser mais leve, como ser professor, advogado ou engenheiro, como os seus irmãos. Francisco estudou pouco, por isso faz serviço mais pesado.

— Merci está errada! — exclamou Renan aliviado. — Pono não é infeliz com seu trabalho, nem todas as pessoas gostam de trabalhar sentadas. Gosto de trabalhar como Pono. Quero ser burro de carga!

— Você, meu filho, poderá trabalhar na fazenda, mas, para fazer algo bem-feito, tem de saber ler e escrever.

— Está bem, vou hoje para a escola para aprender ler e escrever, depois não vou mais. Hoje aprendo! — determinou o garoto.

– Não é fácil assim, precisa ir muitas vezes durante anos. As letrinhas e os números são muitos – Roberto tentava convencer o filho.

Renan continuou sendo obrigado a ir à escola.

A vida deles na fazenda estava tranquila e muito agradável. Renata ia todos os dias à Casa Abrigo, amava seu trabalho voluntário. Roberto trabalhava na fazenda, e os problemas eram rotineiros e pequenos. Pai e filha continuavam lendo os livros de Kardec, mas ela lia muito mais, e também de outros autores.

Roberto evitava pensar no amor que sentia.

Foram muitos os pretendentes que surgiram tanto para ele como para Renata. Pais de moças solteiras insinuavam para o fazendeiro: "Minha filha é prendada...", "Minha sobrinha é uma pessoa boníssima...", "Tenho uma irmã...".

Roberto tentava ser educado e mudava de assunto. Até que veio visitá-lo um fazendeiro, era seu vizinho com sua filha. Depois de enumerar as qualidades da moça, Roberto, depois do café, pediu desculpas e falou que tinha um compromisso e tinha de sair. O vizinho não gostou e foram embora. Ele então resolveu falar no bar.

– Não pretendo me casar!

– O desgosto foi tanto assim com Cacilda?

– A traição lhe doeu muito?

– É só escolher uma moça daqui, de família conhecida...

– Ou você espera pela mãe de Renan? Não se importará se ela voltar depois de um tempo e com certeza tiver tido outros homens?

– Ana Lúcia com certeza voltará por causa do filho, e – Roberto resolveu inventar um envolvimento – tenho uma pessoa, é um amor secreto – nisso ele não mentiu –, encontro-me com ela às escondidas, não é daqui, penso que não demorará muito para estarmos juntos.

– Quem é ela? – quiseram saber.

– Se é secreto, não é para contar.

E, como sempre fazia, Roberto não respondeu mais e saiu, deixando que comentassem.

Renata, no jantar, perguntou preocupada:

– Pai, quem é esse amor secreto? Que amante é essa?

Roberto riu e contou para a filha a mentira que inventara para que não surgissem mais pretendentes.

Mas, numa tarde de domingo, uma viúva foi com dois filhos visitá-lo, e essa foi mais direta.

– Venho aqui para me oferecer ser mãe de Renan, tomar conta de sua casa e de você.

Ele a olhou, era bonita, conhecia-a, seu marido morrera havia dois anos de acidente, morava na cidade. Procurando não ser rude, respondeu:

– Agradeço seu interesse e recuso. Renan já tem mãe, que está em outro país trabalhando e deve voltar. Não preciso que tome conta de minha casa, pois já tenho quem o faça. Não quero que cuidem de mim. Por favor, a senhora veio sem avisar, e temos um compromisso.

– Não quer nem pensar? Sou boa pessoa, e em tudo.

– Sou viúvo e vou continuar sendo. Não preciso pensar, minha resposta é não. Por favor, pegue seus filhos, preciso realmente sair.

A mulher não falou mais nada e foi embora, fora de carro.

Marcionília se exaltou:

– Precisa de quem cuide da casa?! Ora! Viúva atrevida! Vá procurar marido em outro lugar.

Os irmãos, Júnior e Ronaldo, e as cunhadas começaram a apresentar pretendentes para Renata, até que ela ficou nervosa e, um dia, com eles na fazenda, falou, demonstrando não estar gostando:

– Parem de querer me arrumar namorado. Tenho competência, se eu quiser, de arrumar sozinha. Até agora estou sendo educada, mas não serei mais se isso voltar a acontecer. Entenderam?

Eles entenderam e pararam.

Pretendentes da cidade e da região também surgiram. Renata os afastava como sempre, vendo as atitudes indevidas deles.

Um vizinho mais insistente começou a visitá-los e levava flores e bombons para ela. Numa tarde, em que levara uma caixa de chocolate e estavam na varanda, Renan falou:

– Que sujeitinho insistente! Renata não gosta de você. Ela falou que você é um boboca, um rapaz sem brilho.

– Renan! – Renata gritou com o menino.

– É isso mesmo! Você falou!

– Merci, venha pegar Renan.

A empregada levou o garoto para dentro da casa. O moço, que não sabia o que fazer, se despediu. Renata entrou em casa, chamou o pai e contou o que Renan fizera.

– Eu já disse que não é para falar certas coisas perto de crianças – lembrou Marcionília.

– Renan – Renata estava brava –, por que você falou aquilo para o moço?

– Você, Renata, quem falou, eu somente repeti.

– Não se pode dizer aos outros tudo o que se escuta – falou Renata. – Vá para o castigo!

– Não sei por que estou indo para o castigo nem por que você está brava – queixou-se o menino.

O castigo de Renan era ir para o escritório e ler um livro. Renata comprara muitos livros infantis, ilustrados, na tentativa de que ele se interessasse. Mas infelizmente ele só os lia quando de castigo.

Roberto conversou com ele e entendeu que realmente não se pode falar alguns assuntos perto de crianças. Explicou para a filha, que o tirou do castigo.

– Filha, se for importante para você, converso com esse moço, digo que Renan sente ciúmes, algo assim.

– Não, queria afastá-lo, mas não assim. De fato, eu falei, e Renan repetiu. É melhor mesmo prestarmos atenção no que e de quem falamos perto desse menino.

Roberto se alegrou, mas não demonstrou.

Naquela noite, comentou com o amigo quando este o visitou.

– Passamos por momentos tranquilos. Nossos problemas são pequenos e solucionáveis.

– Às vezes penso que Deus nos concede uns períodos assim para nos refazermos. Vamos aproveitar! – exclamou Milton.

Roberto concordou com o médico e resolveu aproveitar a bonança. Júnior e Ronaldo, se tinham problemas, deviam ser pequenos e não passavam por ele. A fazenda continuava próspera e, como sempre, havia problemas com alguns empregados, safras melhores e outras nem tanto, pragas, mas não podia se queixar; dava lucro, trabalho, e ele aprendera a amá-la.

O telefone de discagem direta foi instalado. As telefonistas foram dispensadas, isto foi a parte ruim, mas foi muito bom ter este serviço, pegar o telefone, discar e fazer até interurbanos. Para Roberto, ficou cara a instalação, mas compensou. Não precisava mais ir à cidade para falar com os filhos. Resolvia muitos assuntos agora pelo telefone.

Renan continuava não gostando da escola e cada vez mais demonstrava interesse e amor pela fazenda. Quando ele estudava no período da tarde, passava a manhã toda brincando. Quando passou a estudar no período da manhã, brincava à tarde. Fazia suas lições à noite, após o jantar, e era Renata que, com muita paciência, conferia suas tarefas, ensinava-o e estudava junto.

Tudo, de fato, estava tranquilo.

12º capítulo

Uma despedida dolorosa

Roberto estava no escritório, tinha acabado de telefonar para uma loja de artigos agrícolas.

"Que facilidade! Que comodidade!", pensou.

Renata havia levado Renan à escola e voltou; com certeza esquecera algo, porque foi para seu quarto.

– Senhor Roberto! Senhor Roberto, acuda!

Escutou Marcionília gritar e saiu correndo do escritório; da sala, olhou para cima, no alto da escada estavam ela e Renata caída. Subiu de dois em dois os degraus.

– O que aconteceu? – perguntou ele aflito.

Renata estava caída de frente; Marcionília, ao seu lado, não sabia o que fazer.

– Estou melhor – Renata falou em tom baixo. – Estava descendo e fiquei tonta; não caí, sentei-me e depois penso que tive uma vertigem e me encostei no chão.

Marcionília e Roberto a ajudaram a se levantar, a levaram para o quarto e a colocaram na cama.

– Estou bem – repetiu Renata.

– Vou telefonar para o Milton – decidiu Roberto. – Você parece melhor mesmo, está corada. Já volto!

Saiu do quarto para telefonar, a empregada foi atrás dele e cochichou, para a moça não escutar:

– Ela não está corada! Está maquiada! Renata tem se maquiado ultimamente. Tenho notado que ela não está bem.

– Assim você me assusta! O que acha que ela tem?

– Não sei, e este não saber é que me aflige – respondeu a fiel e bondosa servidora da casa.

Roberto desceu as escadas rapidamente e discou para Milton, sua secretária atendeu e informou que ele estava no hospital fazendo um parto.

– Assim que for possível, peça para ele vir aqui. Renata não está bem – pediu Roberto.

Foi ao quarto da filha, Marcionília estava com ela.

– Milton está no hospital, virá assim que for possível. Você quer ir ao hospital? Prefere que eu chame outro médico? – perguntou o pai preocupado.

– Vou tomar café e ficarei bem. Não precisa chamar nem o tio Milton. Foi somente uma vertigem.

– Chamei, está chamado. Você está bem mesmo? – Roberto quis saber.

– Sim.

Os dois saíram do quarto. Marcionília foi buscar um café, e Roberto foi para o escritório; antes, falou à empregada:

Histórias do Passado

– Não vou sair, se precisar me chame; peça para Silmara fazer o almoço e fique com Renata.

Duas horas depois, Milton chegou. Roberto o acompanhou até o quarto dela e a encontrou dormindo, a moça acordou assim que entraram no aposento.

– O que aconteceu? – perguntou o médico.

– Foi somente uma vertigem – respondeu ela.

Milton a examinou, mediu a pressão, auscultou seu pulmão, contou as pulsações e, quando olhou os olhos dela, indagou:

– Você fez os exames que pedi? Fez?

– Que exames? – perguntou Roberto. – Não estou sabendo disto.

– Pai Roberto, por favor, pegue naquela gaveta uns papéis.

Ele o fez, eram de laboratórios, resultados de exames. Milton sentou-se, abriu os envelopes e leu. Ficou branco, tremia, e Roberto, aflito, perguntou:

– O que foi? Que resultado é esse?

– Vou explicar: estou com leucemia – ela falou calmamente, como dissesse "estou gripada".

Por uns dez segundos, ficaram calados. Milton foi o primeiro a se recompor e pediu.

– Por favor, Renata, conte-nos o que acontece.

– Quando – a moça atendeu o pedido – o procurei para uma consulta, estava me sentindo fraca. Pedi para não falar para meu pai para não preocupá-lo. Não temos ainda laboratórios na cidade e, para fazer o exame, teria de ir a outra.

Renata fez uma pausa, e Milton falou:

– Fiz o pedido e até esqueci, desculpe-me; porém vi você bem, achei que não o fizera ou, no exame, o resultado fora positivo, que tinha dado tudo certo.

– Fui visitar meus irmãos e fiz os exames. Não contei a ninguém; quando peguei o resultado, abri, li e entendi que dera alterado. Marquei consulta com um médico clínico geral e levei os exames; ele leu e disse que teria que fazer outros. "Câncer no sangue?", perguntei. "Por favor", disse ele gentilmente, "não vamos pensar no pior, somente preciso de outros exames". Contei a ele de mamãe e indaguei: "Para esse tipo de leucemia", falei o que sabia, "que minha mãe teve, se ela estivesse doente hoje, teria tratamento eficaz?". "Não posso responder com precisão, um especialista, um colega dessa área, o faria melhor." "Por favor, me responda", pedi. "Penso que, se sua mãe estivesse doente hoje, a aconselharia a se tratar com conforto, isto é: receber transfusão de sangue para se fortalecer e, se sentisse dores, remédios para suavizá-las." Agradeci. Para Hellen, estava hospedada na casa dela, disse que estava me encontrando com amigas e marquei consultas com mais dois médicos, um hematologista e outro oncologista. Ambos me pediram vários exames, que fiz em três laboratórios. Vim embora, o resultado seria enviado aos consultórios; com eles prontos, as secretárias me ligaram, retornei e soube do resultado: um câncer agressivo, no sangue. Não foi surpresa para mim; sentia meu corpo doente. Pedi, implorei para os dois médicos serem sinceros comigo. Para um, tive de mentir que não tinha família. Ambos falaram a mesma coisa, que havia alguns tratamentos experimentais, porém, para a enfermidade que estava sofrendo, não tinham ainda nenhum resultado satisfatório. Optei por continuar vivendo como sempre vivi, como se tudo estivesse normal. Quando sinto que preciso de transfusão de sangue, vou à cidade próxima, marco por telefone, recebo e volto. Quando sinto alguma dor, tomo um remédio que se compra sem receita médica.

– Você não podia esconder isso de mim, da gente! – queixou-se Roberto, segurando-se para não chorar.

– Pensei e vejo que tinha razão, que iriam sofrer. Quis adiar seus sofrimentos. Por que não desfrutar da bonança por mais tempo?

– Decidiu por nós? – o pai estava indignado.

– Foi minha escolha. Agora, por favor, me deixe sozinha, quero descansar.

Renata puxou o lençol cobrindo a cabeça. Milton puxou o amigo e foram para o escritório; quando fecharam a porta, os dois choraram.

– E agora? Ela irá morrer – lamentou-se Roberto.

– Todos nós vamos, só que a morte, para ela, está anunciada.

– Não tem mesmo tratamento? – Roberto quis saber.

– Fiquei como clínico geral pelas circunstâncias; como o único médico por anos na cidade, tinha de atender a todos com diversas doenças. Não tenho tempo para estudar. Porém, se tivesse de responder, pelo que sei, diria que ainda não temos um tratamento eficaz.

Ficaram calados por momentos.

– Preciso ir embora, tem muitos doentes me esperando no consultório. Se precisar de mim, telefone – Milton se despediu.

Roberto não sabia o que fazer, andou pelo escritório, sentava e se levantava. Escutou a voz de Renata na sala.

– Vamos fazer hoje um purê de batatas!

Rapidamente, ele foi à sala, a filha estava, como sempre, organizando a casa. Ao vê-lo, falou:

– Vou buscar Renan na escola e à tarde irei à Casa Abrigo.

– Você não pode e...

– Por quê? – Renata interrompeu o pai.

Ela saiu, não esperando a resposta do pai. Roberto telefonou para Júnior e depois para Ronaldo. Surpresos, eles não entenderam bem o que estava acontecendo, porque Roberto não conseguiu explicar direito. Os dois ficaram preocupados.

À tarde, Renata foi fazer seu trabalho voluntário. Chegaram juntos à fazenda, à noitinha, ela, da cidade, e Júnior, Sílvia e Ronaldo para uma visita.

– Precisamos vir, necessitamos entender o que está acontecendo, deixei as crianças com minha mãe – falou Sílvia.

Os filhos de Júnior, como os de Ronaldo, já estavam crescidos.

– Vamos conversar – pediu Júnior.

– Primeiro, iremos jantar – determinou Renata.

– O que está acontecendo? – perguntou Renan. – Quero saber!

– Você fica na reunião que acontecerá depois do jantar – decidiu a irmã.

A não ser Renan, que comeu bem, os outros se alimentaram pouco. Marcionília tirou os pratos, e Roberto lhe pediu:

– Merci, por favor, dispense as empregadas e depois se sente aqui.

Com todos acomodados, Renata contou, repetiu o que falara para o pai e para Milton.

– Como mamãe! – Ronaldo se esforçou para falar, estava comovido.

– Penso que é, do mesmo modo, agressivo – explicou Renata.

– Você irá fazer um tratamento – determinou Júnior. – O oncologista que consultou é amigo do meu sogro, e o pai de Sílvia ligou para o médico, que se assustou, lembrou de você, que lhe disse não ter família. Explicou que os tratamentos não são precisos, mas deu o telefone de um colega, um renomado médico em outro país e gentilmente ligou para ele; como disse, esse oncologista e meu sogro são muitos amigos. Estão fazendo um tratamento diferente nesse país, e esse especialista a atenderá.

– Você decidiu por mim – Renata falou em tom carinhoso.

– Ela irá, não é, papai? – perguntou Júnior.

– Nosso pai – falou Renata – sempre deixou que decidíssemos o que fazer. Não irei! Isso é certo!

– Não pode agir assim, minha irmã! – exclamou Júnior.

Renata se levantou, sentou-se no colo do irmão, abraçou-o. Júnior chorou baixinho, Sílvia também, o restante os olhava emocionado.

– Não sou irresponsável! Sempre cuidei do meu corpo, como nos ensina O Evangelho segundo o espiritismo. Nada faço de exagerado, não tomo bebidas alcoólicas, não fumo, nesta existência não abusei do físico, vestimenta abençoada de minha alma. Além do tio Milton, consultei três médicos, o oncologista é um profissional competente e estudioso nessa área. Se tivesse uma pequena porcentagem de chance que fosse de um tratamento dar certo, eu o faria. Já escutei várias vezes uma pergunta: "O que faria você se soubesse que ia morrer amanhã?". Pensei muito e concluí que tenho a vida que escolhi, que gosto, e não desejo nada de diferente. Por que ir a outro país, a um hospital, estar entre pessoas desconhecidas, falando outro idioma, sentindo-me sozinha e preocupada por estar longe dos que amo? Além disso, dando despesas. Por que ter um modo de vida diferente do que quero? Por favor!

Calaram-se. Roberto olhou para Ronaldo e, pelo olhar, indagou o filho. Não era ele quem encontrava soluções para os problemas?

— Concordo com você, Renata — falou Ronaldo —, em gênero, grau e número. Você tem direito de fazer o que quiser. Amanhã irei ao hospital de nossa cidade, doarei sangue para você, e essa doação será feita com tanto amor que lhe fará bem.

Renan levantou a mão, este gesto era para pedir para falar; o pai afirmou com a cabeça, e o garoto perguntou:

— Renata está doente? É isto que entendi? É grave? Ela não quer tomar injeção?

— Tomo injeções, sim — afirmou a irmã. — É que minha doença é grave, não tem ainda tratamento eficaz.

— Se Ronaldo vai lhe doar sangue, o meu também é A positivo, vou ao hospital e quero doar!

— Talvez você não possa — disse o pai —, precisamos saber qual a idade mínima para doar.

— Você vai sarar — Renan se emocionou.

— Júnior, se esse médico estrangeiro der alguma chance de cura, irei para uma consulta; se não, por favor, entenda.

— Está bem, irmãzinha. E você, irmãozinho, não dê trabalho à nossa maninha — disse Júnior, olhando para Renan.

O garoto se levantou e se aproximou de Júnior.

– "Irmãozinho" só se for na idade. Estou quase do seu tamanho.

De fato, Renan crescia muito, estava alto e forte.

Renata se levantou do colo do irmão, e todos se descontraíram com a brincadeira de Júnior e Renan.

No outro dia, assim que levaram Renan à escola, foram ao hospital, onde, pelo jogo de par ou ímpar, foi Ronaldo quem ganhou e doou sangue para a irmã. Porém, foram estocadas as doações de Sílvia e Júnior. Os três foram embora depois do almoço.

Uma nova rotina na casa foi estabelecida. Foi contratada uma outra empregada, e Marcionília passou a se dedicar somente à doentinha, que não demorou para ficar indisposta, acamada e enfraquecida. Foram rareando as idas dela à Casa Abrigo. Foram muitas as doações de sangue, muitas pessoas queriam doar para ela: eram os parentes, amigos, ex-abrigados da casa onde, por anos, trabalhou como voluntária. Renata passou a tomar remédios para dores. A enferma continuava tranquila, risonha, raramente se queixava.

Enquanto Renata conseguia se levantar e andar, ia à sala para fazer o Evangelho; depois, Roberto, Marcionília e Renan iam ao quarto dela para fazê-lo. Numa noite em que Renata não estava bem, ela pediu para o pai ler, deu o livro aberto e mostrou o que deveria ser lido. O pai, emocionado, esforçou-se e leu o texto todo.[1]

– "A ideia clara e precisa que se faz da vida futura, dá uma fé inabalável no futuro, e essa fé tem enormes consequências sobre a moralização dos homens, uma vez que muda completamente o ponto de vista sob o qual encaram a vida terrena. Para aquele que se coloca, pelo pensamento, na vida espiritual, que é infinita, a vida corporal não é mais do que uma passagem, uma curta permanência em um país ingrato..."

---

[1] N. A. E.: O Evangelho segundo o espiritismo, de Allan Kardec, capítulo 2, "Meu reino não é deste mundo", item 5, "O ponto de vista".

Oraram no final da leitura um Pai-Nosso. Roberto segurava o livro com força quando o deixou simplesmente na mão, notou que uma página estava mais marcada pelo tanto que era aberto nela. Ele abriu e se arrepiou. Era o capítulo 28, "Coletânea de preces espíritas", "Na previsão da morte próxima", item 40. Compreendeu que Renata lia muito aquela prece.

Roberto, que teria preferido ter a doença no lugar dela, estava tranquilo, porque, além de fazer o que ela queria, aquele amor que tanto pedira a Deus que tirasse dele foi transformado em paternal. Não tinha mais receio de se aproximar dela, ajudá-la a se sentar ou a se deitar, pentear seus cabelos.

"Amo você como filha! Que graça!", Roberto orava em agradecimento.

Muitas vezes se ajoelhava e, em lágrimas, pedia auxílio aos bons espíritos para Renata e agradecia, porque agora a amava como filha, com o mesmo amor que sentia pelos outros três, talvez um pouco mais, porque era ela, no momento, que precisava dele. Tinha certeza de que recebera uma graça por não amá-la mais como mulher. Isso lhe deu serenidade para cuidar da filha com todo o carinho paternal e a chamava sempre de "filha", "filhinha", e isso era realmente sentido. Renata era agora, para ele, uma filhinha.

A prioridade para o fazendeiro era cuidar de Renata e depois da fazenda.

Júnior e Ronaldo vinham muito com a família à fazenda, intercalavam para que a casa estivesse sempre movimentada e alegre. Renata foi definhando. Uma enfermeira foi contratada para ficar com ela à noite para Marcionília descansar.

Foi tranquila, como Renata encarou e passou pela doença, sua desencarnação às seis horas da manhã. Parou de respirar. A enfermeira chamou Roberto. Ele olhou a filha. Parecia sorrir.

"Deve ter visto Sueli", pensou Roberto, "a mãe deve ter vindo ajudá-la".

Passou as mãos nos cabelos dela, a ficou olhando, estava muito magra, pálida, aproximou-se e a osculou na testa.

– Fique em paz, minha filha! Filha!

Os irmãos vieram e fizeram o velório numa sala do hospital, que estava vazia. O padre ofereceu a Igreja, mas Roberto e Renata não a frequentavam e, pelos seus estudos, sentiam ser espíritas, então ele recusou.

O velório foi triste, mas sem desespero, o único que chorou foi Renan, que foi o tempo todo consolado pelos dois irmãos. Muitos dos que receberam auxílio na Casa Abrigo vieram: uns trouxeram flores, outros enxugavam lágrimas, e todos oravam. Renata era realmente querida.

O enterro foi às dezessete horas, a família decidiu, para não passarem a noite no velório. Voltar para casa foi muito triste, porque sabiam que não iam mais se encontrar com aquele ente querido. Jantaram em silêncio, se recolheram cedo. No outro dia, Júnior e a família foram embora, e também Hellen com os filhos. Ronaldo ficou.

– Depois irei embora de trem ou ônibus. Fico para ajudá-lo a resolver tudo. Começando, vou acertar e despedir a enfermeira e uma empregada. Vamos doar a cama hospitalar e tudo o que foi comprado para o conforto de minha irmã para o hospital. Posso?

– Sim, faça isso – respondeu o pai.

Ronaldo o fez e, pela manhã, organizou, junto à Marcionília, a casa, e contratou uma caminhonete, que levou vários objetos para o hospital como para a Casa Abrigo.

– Papai, o que faço com as roupas de Renata? As joias? Livros?

– Os livros, vou colocá-los no meu escritório. As joias, vamos repartir entre Sílvia, Hellen e Letícia, sua filha. As roupas, vou pedir para Merci doá-las.

– Meu pai, a vida continua. Vou embora amanhã. Estive pensando, recordando e me lembrei que uma vez, ao perguntar a Renata por que ela não queria casar, ela me respondeu: "Não quero fazer sofrer uma pessoa". Não liguei para a resposta, agora entendo. Minha irmã não queria deixar alguém viúvo ou filhos órfãos. Com certeza, sentia que isso ocorreria.

– O que me consola é que Renata quis ficar aqui, gostava da vida na fazenda.

– Isso é verdade! – Ronaldo suspirou. – Fizemos, papai, além do que ela queria, tudo o que podíamos. Senti paz ao vê-la tranquila no caixão e vendo o tanto que era querida. Com certeza seu trabalho era muito importante a muitas pessoas, e muitos foram gratos. Penso, papai, que orações de gratidão têm muita expressão, devem chegar ao benfeitor como luzes.

– Tenho certeza disso, meu filho!

Ronaldo foi embora de ônibus, que era mais rápido porque as estradas agora eram asfaltadas. Prometeu voltar logo com os filhos. Roberto e Renan tentavam se adaptar a ficar sem Renata. Tomavam as refeições em silêncio, Renan se alimentava, Roberto se esforçava para fazê-lo. Para dormir, tomava um remédio que Milton lhe receitara.

A casa, a vida dele, estava vazia sem a filha.

No terceiro dia, Roberto resolveu que ia voltar ao seu ritmo de trabalho. Tomou seu desjejum e foi ao escritório organizar o que tinha de ser feito, verificou o que tinha de pagar, comprar e aí se lembrou de Renan.

"Deve estar na escola. Ou não está?"

Foi à cozinha atrás de Marcionília e encontrou Silmara, que informou:

– Merci está na horta.

– Sabe de Renan?

– Deve estar na plantação, quando cheguei ele já tinha tomado café – respondeu Silvana.

– Não foi à escola?

– Senhor, Renan não tem ido à escola. Acho que saiu, desistiu de estudar.

– O quê?!

Roberto se assustou, saiu da cozinha, não esperou pela resposta.

"Como pude não dar atenção a esse moleque? Devia ter pensado que, se não fosse forçado, não iria à escola. Vou atrás dele."

Foi ao estábulo e viu que Renan saíra a cavalo. Pegou a motinho. Há tempos o fazendeiro comprara uma moto pequena para andar pela fazenda. Foi à plantação e encontrou o filho trabalhando.

– Pai! – gritou ele ao vê-lo. – Veja que beleza! Como as plantinhas estão lindas!

– Não era para você estar na escola? – perguntou Roberto, falando em tom baixo para ser escutado somente pelo filho.

– É que... alguém precisava ver as plantações. Tenho cuidado de tudo, e bem direitinho – respondeu Renan, se sentindo importante e orgulhoso.

– Volte agora para casa! – ordenou o pai.

Roberto ligou a moto, Renan montou no cavalo, e ambos foram para a sede. Quando chegaram, foram para o escritório.

– Isso não podia estar acontecendo, você não estar indo à escola.

O garoto abaixou a cabeça e não respondeu.

– Aproveitou que estava preocupado com sua irmã doente. Irresponsável! Não tendo ninguém para vigiá-lo, não estuda mais. O que você merece? Não sente vergonha?

– Achei que poderia ajudar ficando aqui e fazendo o que fazia.

– Não descuidei da fazenda. Deixei somente obrigações para os empregados – Roberto suspirou.

Resolveu conversar com o filho sem lhe dar castigo, fazê-lo entender que agira errado.

– Filho, me desculpe se não lhe dei atenção.

– Meu papai – Renan o interrompeu, abraçando-o –, por favor, não se aborreça comigo. Só quis ajudar. Nossa atenção estava em Renata...

– Seus irmãos sempre gostaram de estudar, nunca me preocupei com esse detalhe; depois, era Sueli quem cuidava disto.

Sei que não gosta de estudar, mas irá completar o ensino médio. Não lhe dou escolha, entendeu?

– Sim, mas...

– É isso! Você está sendo obrigado a completar até a terceira série de contabilidade. Tome banho, e rápido, vou levá-lo à escola.

– Chegaremos na metade da aula. Não dá para irmos amanhã? Irei sozinho!

– Iremos hoje; agora, vou conversar com a diretora. Se precisar, irei levá-lo todos os dias. A escolha é sua! Ou irá sozinho ou eu o levarei. Tome um banho e troque de roupa!

Quinze minutos depois, Roberto, de carro, levou o filho para a escola. Quando chegaram, o pai pediu para falar com a diretora, os dois foram encaminhados para a diretoria.

– Senhora – disse o pai –, por favor, quero saber a situação de Renan.

– Esse nosso aluno faltou muito este ano.

– Por que não fui comunicado? – perguntou Roberto.

– Renan nos disse que, com a doença da irmã, tinha de ajudar na fazenda. Entendemos.

O pai olhou para o filho, que estava calado e de cabeça baixa.

– Ele não conseguirá ser aprovado, não é?

– Não! – a diretora foi lacônica.

– A senhora me faria um grande favor? – Roberto não esperou pela resposta e falou o que queria: – Renan não poderia frequentar esses dois meses e meio, novamente na terceira série?[2]

– Como ele já cursou a terceira série, posso dar baixa na quarta e colocá-lo sem matrícula na terceira.

– Sendo assim, ele virá amanhã. Agradeço-a muito. A senhora não poderia me indicar alguém para dar aulas particulares para meu filho?

---

[2] N. A. E.: Quando Renan estudava, a organização do ensino era diferente da que é atualmente. Eram quatro anos de primário, quatro de ginasial e três que eram técnicos, chamados de diversas maneiras: científico; ciências contáveis ou contabilidade; e normal, para ser professor do curso primário. Renan estava cursando a quarta série do ginasial.

– Penso que o professor Valdomiro pode. Vou chamá-lo, estamos no horário do recreio, e ele deve estar na sala dos professores.

A diretora saiu para logo voltar acompanhada de um jovem professor. Roberto e ele combinaram, ele iria à fazenda duas vezes por semana, às dezesseis horas, e daria aulas para Renan.

A sineta foi tocada, o professor se despediu, o recreio terminara.

– Senhora diretora – pediu Roberto –, tenho telefone na fazenda, peço-lhe para ser informado se Renan faltar ou chegar atrasado e, se ele precisar faltar, eu a avisarei.

Agradeceu novamente, despediram-se e saíram. No carro, Roberto falou:

– Você sempre foi aprovado com notas razoáveis. Repetindo esse período, estará mais apto a cursar a série seguinte. Poderá vir à escola como sempre fez, de bicicleta ou ônibus escolar. Preste atenção: você tem, ouviu bem? Tem que concluir o ensino médio, é obrigado. Se repetir, pior para você: demorará mais a sair da escola. A desculpa que deu para a diretora pelas suas faltas me fez corar de vergonha e me sentir culpado. Será que não posso deixar, por nada, de ficar atento ao que faz?

O garoto preferiu ficar calado. Naquela tarde, o professor Valdomiro foi de moto lhe dar aula. Renan passou a ir à escola, porém se queixava muito para Marcionília. O pai sentiu pena, mas queria que o jovem estudasse e entendeu que o filho não podia fazer o que queria.

Roberto estava sofrendo, às vezes acordava à noite e sentia o ímpeto de se levantar para olhar se Renata estava bem; quando lembrava que a filha partira, chorava. Mas, ao mesmo tempo, sentia-se em paz porque seu amor fora modificado, sentia por ela amor e carinho paternal; sempre que se lembrava disso, agradecia a graça recebida.

Tentou cansar o corpo, dedicou-se ao trabalho e percebeu que Renan realmente cuidava de tudo, e muito bem.

13º capítulo

O primeiro caderno

No sétimo dia, os amigos de Renata mandaram celebrar uma missa, foram Roberto, Renan e Marcionília; na Igreja, receberam cumprimentos. Após, voltaram calados e tristonhos para a fazenda. Quando chegaram, Roberto entrou no escritório, estava se sentindo muito triste. Marcionília bateu na porta, entrou e falou:

— Senhor Roberto, Renata me pediu para lhe dar essa chave, afirmou que o senhor sabe de onde é.

Ele olhou a chave, estava num chaveiro de uma bonequinha; pegou e agradeceu. Ficou olhando a chave por segundos.

"Sueli tinha, na sua cômoda, uma gaveta escondida, secreta. Eu sei, e minha filha também sabia, penso que Merci não sabe. Vou ao quarto abrir e ver o que tem nela."

Subiu as escadas devagar, entrou no quarto, olhou a pesada cômoda, abriu a primeira gaveta e, pelo fundo falso, com a chave, abriu a outra parte. Emocionado, viu dois cadernos pequenos, não muito grossos. Pegou-os. Em cima dos cadernos, num papel pequeno, estava escrito "Para pai Roberto", era a letra de Renata.

Fechou as gavetas, saiu do quarto, desceu, colocou os cadernos na sua escrivaninha e esperou pelo jantar. Quando terminou a refeição e, como era dia de ler o Evangelho, reuniram-se os três, pai, filho e Marcionília. Foi Renan o convidado para ler; após a leitura, oraram. O dono da casa, com a desculpa de que tinha de verificar um orçamento, foi para o escritório. Os cadernos, nas capas, estavam numerados um e dois. Pegou o primeiro. Foi lendo e parou muitas vezes para chorar; leu depressa e, assim que terminou, leu o segundo caderno. Ficou até de madrugada os lendo. Sentiu cansaço, tontura, deitou-se e dormiu por duas horas; o despertador, que raramente tocava, pois sempre acordava antes, o despertou. Levantou-se, naquele dia fez somente o necessário e voltou para o escritório, pegou o primeiro caderno e, desta vez, leu bem devagar, parando, chorando e entendendo.

No primeiro caderno, havia textos em que Renata escreveu o que ocorria com ela e, por meio da psicografia, Sueli lhe dava recados, contava coisas.

Com muito respeito e amor, Roberto leu:

Tenho sentindo mamãe perto de mim. Quando escutei Cacilda falando que via unhas vermelhas, fiquei pensando no porquê de mamãe estar por aqui. Estaria vagando? Não sabia que morrera? Quando Roberto expulsou Cacilda, compreendi que mamãe queria afastá-la do nosso lar por ser desonesta. Foi quando voltei a morar aqui que passei a sentir mais mamãe ao meu lado. Um dia, estando sozinha, senti muita vontade de escrever. Peguei na caneta e veja o que saiu na página trinta. Para você que está lendo, vou explicar. Numerei as páginas do caderno. Nas primeiras numerações, sou eu que escrevo; depois da página trinta, é psicografia, mamãe Sueli que me dita ou pega na minha mão para escrever. Para ir e voltar na leitura uso os sinais '>' e '<'.

Roberto verificou que a filha realmente numerara as páginas. Foi à página indicada e lá, com a caligrafia um pouco modificada, Renata escreveu:

Sou Sueli, sua mãe. Filha, tenho permissão para vir visitá-los. É maravilhoso você me sentir e eu poder, pela escrita, passar mensagens a você. Estude os livros que Milton deu a vocês, entenderá como isso é possível. <

As mensagens também estavam numeradas ou marcadas por datas. Roberto voltou ao começo e leu que Renata anotara:

Escrever o que minha mãe dita é maravilhoso; estou lendo, estudando O livro dos médiuns, de Allan Kardec, e compreendi que é possível ter esse intercâmbio. Recebi a mensagem número dois. >

Roberto passou a ler o primeiro caderno assim, ia e voltava.

Renan retorna ao lugar que tanto amou e ama; ele, na sua encarnação anterior, foi o pai de Roberto. Aproveitou a oportunidade para voltar ao Plano Físico e arriscou. Poderia não ter dado certo, Ana Lúcia ter abortado ou o doado a outras pessoas. Porém confiou no filho, em Roberto, teve a certeza de que criaria o neto. Esforcei-me muito para ajudá-lo e me alegrei por ter acontecido o que ele queria. Minha ex-sogra, a sua avó, também voltou à carne, mora aqui perto. Os dois fizeram planos de se reencontrar. Espero que consigam ficar juntos. <

Voltando à primeira parte, Renata escreveu:

Como é gostoso, consolador, escrever o que mamãe me dita. Sinto-me reconfortada, é tão bom senti-la ao meu lado quando nos visita.

Dias depois, Renata grafou:

Hoje foi um dia pavoroso! Senti muito medo quando aqueles dois homens me atacaram. Roberto me salvou. Arrepio-me quando lembro desse fato. Vou tomar um calmante para dormir.

Roberto notou que Renata não escrevia "pai", somente seu nome. Continuou a ler.

Estou sofrendo! Meu Deus! Como isso é possível? Estou envergonhada, sinto nojo de mim! Mamãe tem insistido para escrever, corto. Não quero. Sou indigna! Por quê? Por quê? Como entender?

Dias depois voltou a escrever, desta vez colocou data, Roberto se lembrou de que fora quatro meses depois do assalto.

Sou uma miserável, algo ruim! Como é possível? Vou embora de casa, da fazenda. Não quero ficar perto de meus irmãos, eles com certeza iriam perceber. Não quero que ninguém saiba. Que vergonha! Prefiro morrer. Se Roberto souber, me coloca num hospício. Será que não devo fazer um tratamento psiquiátrico? A morte é preferível mil vezes do que Roberto saber que eu o amo. Não como pai, mas como homem. Nunca amei ninguém, percebo agora que queria alguém parecido com ele. Quando me salvou dos bandidos, foi que entendi que o amava diferente. Não sou um monstro?

Outro dia decidi e falei com Roberto, que concordou como sempre faz com nossas decisões; estranhou somente eu não querer ficar perto dos meus irmãos. Vou embora logo. Mamãe insiste em escrever, não sou digna. Não consigo segurar minha mão, somente desta vez farei uma psicografia. >

Na mensagem, na segunda parte do caderno, com letra muito irregular, ela psicografou:

Minha filha, por favor, não se sinta assim. Você é um ser maravilhoso. Não é suja! Peça a Merci para lhe contar o meu segredo. Por favor, diga que sonhou comigo e que eu pedi para ela lhe contar. <

Histórias do Passado

Voltando.

Ao ver Merci se arrumando para ir à casa de Siana, disse que ia junto. Fomos cada uma carregando uma cesta. No caminho, eu disse a ela: 'Merci, sonhei com mamãe, e ela me disse que era para lhe pedir que me contasse o segredo dela'. Merci ficou branca, não disse nada. Insisti. 'Na volta', a nossa fiel servidora falou. Acho que queria pensar. Na casa de Siana, a velha senhora pediu para Merci ver uma planta no quintal.

Penso que ela queria ficar a sós comigo e me disse: 'Você terá uma escolha importante para fazer. Resolvemos melhor nossas dificuldades não aumentando as do próximo'. Quando Merci voltou do quintal, Siana se dirigiu a ela: 'Merci, quando juramos guardar segredo, só podemos revelá-lo se quem nos fez prometer nos livrar do juramento. Dona Sueli, que está muito bonita, sadia, veio com vocês aqui e diz que a livra do juramento e pede para fazer o que lhe foi pedido. Agora vou receber visitas. Até logo! Muito obrigada e agradeça ao senhor Roberto por mim'. Foi nos empurrando para a porta. Saímos. Olhei para a velha e fiel trabalhadora de nossa casa: 'Por favor, conte! Preciso saber!'. Merci enxugou o rosto, pois algumas lágrimas escorriam por ele, e disse: 'Penso que, por algum motivo, sua mãe quer que agora eu lhe conte. Sonhou com ela, e Siana reforçou o pedido. Renata, seu avô obrigou seu pai a se casar, não os conheci nessa época, vim trabalhar na casa quando sua mãe teve o Júnior! Soube que o senhor Roberto era muito jovem e queria estudar. Sua mãe também casou obrigada, dona Sueli gostou dele e achou que ia dar certo. Não deu. O senhor Roberto a traía, saía muito de casa, foi então que o doutor Milton, que era estudante e que sempre foi amigo de seu pai, entrou na vida dela. Os dois se amavam. Que amor lindo! Foram amantes! Eu os vi juntos. Sua mãe me explicou, e eu, além de jurar segredo, os protegia. Você é filha dele, do doutor Milton!'. Merci se emocionou, e eu, aliviada, suspirei. (Roberto, por favor, peço-lhe, por Deus, que, ao ler essa revelação, por mim, por amor a nós todos, não fale a ninguém e não faça nada a Merci. Confio!)

No almoço, comi muito. Tinha emagrecido porque não conseguia me alimentar. Não era pecaminosa, não era psicopata. Com certeza, antes de reencarnar, sabia quem seria meu genitor. Alegrei-me.

Tio Milton veio em casa e, como sempre, ele e Roberto conversaram animados. Olhei um velho álbum de fotos; nele, havia muitas dos dois, percebi que eu era parecida com o tio Milton. Mas o fato de me sentir aliviada não resolveu a situação. Pensei, pensei e concluí que poderia viver com esse amor só para mim. Porque, primeiro, se Roberto descobrisse iria se apavorar, se desesperar. Como uma filha amar desse modo o pai? Mandaria-me para um lugar bem distante para me curar dessa doença. Depois, se eu contasse o que descobrira, traria muitas dificuldades para as pessoas que amo. Roberto e Milton continuariam amigos? Júnior e Ronaldo, que amavam e ainda amam e admiram mamãe, sempre a julgaram santa, como reagiriam se soubessem o que ela fez? Olhando para o tio Milton, não senti ser filha dele, gosto dele como sempre gostei, como um amigo. Porém gosto demais da tia Elza, admiro-a. Ela sofreria se soubesse? Com certeza. Decidi evitar ficar a sós com Roberto. Basta, para mim, vê-lo, saber dele e ficar perto.

Tempos depois.

Quase me traí quando Soninha me contou que Roberto falou no bar que tem um amor secreto e que logo estariam juntos. Senti ciúmes. Esforcei-me para parecer natural quando o indaguei. Escutar suas explicações me aliviou. >

Roberto voltou às psicografias.

Minha filha, sou eu, sua mãe Sueli. Fiz de tudo para que soubesse. Tentei escrever, mas achei melhor você saber por Merci. Obrigada por me entender. Vou escrever para você nossas histórias, reencarnações passadas, e, por esses relatos, compreenderá o que sente por Roberto. Amanhã, neste horário, começaremos. Trabalharemos às segundas, quartas e quintas-feiras, das vinte e uma horas às vinte e duas horas. Filha, para fazer um bom trabalho, com certeza será muito bom ler antes um texto do Evangelho e orar. Porém o mais importante é estar bem, agir corretamente no dia a dia. Boa vibração faz diferença. <

Mamãe, e Ana Lúcia? Sabe se voltará? >

Ana Lúcia não se deu bem como atriz, casou-se e tem um casal de filhos. Seu marido não sabe de Renan, e ela tem receio de contar. São de classe média, e ela, no momento, não pensa em voltar. Digo "no momento", porque pode mudar de opinião, como todos nós. <

O que devo fazer, mamãe? Fui ao tio Milton, estou me sentindo doente. O que me aconselha? >

Faça o que Milton recomendou. Por que não visita seus irmãos e faz lá os exames?

Filha, infelizmente está doente. Como sabe, pela história que escrevemos, ambas escolhemos ter essa enfermidade. Há motivos. Escolhemos queimar atos negativos pela dor. Se isso a consola, pedi e obtive permissão para vir aqui mais vezes. Renatinha, procurei saber aqui no Plano Espiritual sobre essa doença. Explicaram-me que, aos poucos, irão descobrir tratamentos mais eficazes e que logo a maioria dos enfermos, se descoberta a doença na fase inicial, será curada. Com o tempo, o câncer passará a ser uma doença que exigirá cuidados, mas com cura para todos os tipos. Serão poucos os doentes que desencarnarão por ela. Mas, por enquanto, os encarnados não dispõem ainda de nenhum medicamento eficaz.

Emocionei-me com o carinho de todos para com você. Isso é reação! Nossas atitudes têm retorno. Comigo também foi assim. Recebi carinho e amor, que são os melhores medicamentos para a nossa alma, isso é gratificante. Viva cada dia. Estarei com você. >

Roberto fez uma pausa para pensar em Sueli. De fato, sempre gostou dela como amiga. Sua esposa foi uma boa pessoa. Ajudou muita gente, fez muita caridade e, enquanto esteve doente, recebia muitas visitas de pessoas que lhe eram gratas.

Voltou aos escritos da filha.

Sinto-me em paz. Acredito que minha enfermidade me curou internamente, espiritualmente. Penso que, ao deixar meu corpo morto, estarei com meu perispírito sadio. O que me incomodava era o amor que sentia por Roberto, agora posso chamá-lo de 'pai', porque realmente o sinto assim, ele como meu pai. O que importa ele ser biológico ou não? Pai é aquele que cria, que dá amor e orientações. Quando sinto dor, esta parece me limpar e, pela graça, sinto-me em paz. Sofri muito por esse sentimento, penso que foi pior do que as dores físicas que sinto. Agradeço a Deus pela graça, roguei tanto para que isso ocorresse. Entender o porquê deste sentimento me foi benéfico.

Hoje papai penteou meus cabelos. Que carinho paterno! Senti-me sua filhinha. Foi tão bom! Gosto de você, papai!

Mamãe, o que faço com esses cadernos? >

Renata, lembra-se de que na minha cômoda tem uma gaveta secreta? Sabemos somente Roberto, você e eu. A chave está no seu porta-joias. Guarde-os lá. Espere mais uns dias, depois terá dificuldades para andar. Tome o remédio para dores, filha. <

Mamãe, não estarei abreviando meus dias com esses remédios fortes? >

É do que dispomos no momento, tome-os como medicamento, use-os, não está abusando. O uso nos é permitido, não é certo abusar. O abuso nos traz consequências desagradáveis. <

Poderei me viciar. Isso não é ruim? >

Renatinha, minha menina querida, seu corpo pode, sim, sentir falta dos medicamentos. Repito: medicamentos. Você os está tomando porque são as drogas de que necessita, tome-os como remédio, não se esqueça disso. Seu perispírito não é afetado. Por favor, entenda, é o que está disponível para lhe dar conforto. <

Mamãe, pergunto isso porque sinto falta do remédio, ontem ansiei para dar a hora de tomá-lo e me preocupei. >

Pois não se preocupe, seu corpo pode sentir necessidade de tomar essa medicação. Viciamo-nos, em espírito, pelo abuso, e, no seu caso e no de todos que se medicam por doença física, é para o uso; sendo assim, ao desencarnar, não sentirá mais falta dele. Porém aqueles que abusam sentem. Podemos usar e abusar de tudo, não só de remédios. Na Casa Abrigo temos muitos exemplos. Quantos mentiram dizendo necessitar e não era verdade? Elza, você e as outras voluntárias sentiram-se enganadas. Porém entenderam que antes serem enganadas do que enganar. Pessoas que agiram assim abusaram e, como normalmente acontece, quem abusa um dia necessitará realmente e não terá quem o acuda. Infelizmente, muitas pessoas, como dona Alicinha, decepcionam-se e abandonam o trabalho voluntário. Triste para Alicinha e para essas pessoas, pois deixaram de fazer. Deviam pensar que deixaram de fazer a muitos que precisam. Se prestarem mais atenção, serão menos enganadas. O problema nosso é não errar, não agir abusando e não nos preocupar se formos alvo de abuso. Escutei várias vezes quando visitei a Casa Abrigo, de umas pessoas: 'Se estão dando, por que não receber?'. Esquecem-se, essas pessoas, que impediram alguém necessitado de receber. Quem faz para si faz. Num trabalho como o de que participou, muitas pessoas lhe foram, são, gratas; você não calcula a quantidade de pessoas que oram por você e como as preces de gratidão são lindas, lhe trazem muitas luzes! <

Isso me tranquiliza. Mamãe, meu pai e Renan sentirão minha falta. Não quero que eles sofram. >

Se isso serve de consolo, digo: só sentem saudades aqueles que amam. Quem ama é como uma árvore frutífera e, muitas vezes, para os frutos serem melhores e mais abundantes, sofrem com as podas. Com certeza, eles sofrerão. Porém Renan é jovem, tem muitos interesses e terá outros. Roberto sentirá, mas, pelos seus conhecimentos espíritas, terá suas dores amenizadas. Essa separação será somente de corpos, porque o amor continua. <

Mamãe, você ama ainda Milton? >

Com amor diferente. Sinto, ou sentimos, Milton e eu, não termos resistido. Já me defendi acusando. Pensava: se Roberto me traía, por que não traí-lo? Só que, filha, o erro do outro não justifica o nosso. Milton fez uma coleção de 'obrigados' e 'Deus lhe pague'. Ele aproveitou bem essa encarnação, não só reparou erros do passado como aprendeu muito, e aprendizado é um tesouro que nos pertence. Sinto agora que nós quatro fomos e somos amigos. A amizade é um bem maior. Tanto, filha, que, pela amizade, desculpava Roberto por suas traições, não sentia raiva dele, isso também foi pelo nosso elo do passado. <

Sinto que minha enfermidade não é um mal, ela me liberta de minhas vibrações grosseiras, não tenho tido maus pensamentos, sinto-me interiormente um ser melhor, mais paciente e amoroso. Parece, ou assim é realmente, que as dores purificam minhas impurezas.

Papai, por favor, lhe peço novamente, não faça nada, não comente o que leu com ninguém, compreenda o tio Milton e nossa fiel servidora. Merci é uma boa pessoa, nosso anjo da guarda, e é um ser em quem podemos confiar. Tio Milton sempre foi e será seu, nosso, amigo. Como não entender aqueles que amam? Procure compreender. Não me julgue pior do que sou. Sofri tanto por esse amor que Deus teve piedade de mim e o modificou. Agradeço-o por guardar esse segredo e também por ter cuidado tão bem de mim. Depois de ler esses cadernos, queime-os. Além de você, não quero que ninguém mais os leia. >

Filha, penso que já é hora de guardar estes cadernos. <

Vou sentir falta de conversar com você. >

Podemos fazê-lo por pensamento. Vamos tentar? <

Maravilha, consegui. Vou levantar. Aproveito que Merci não está no quarto, pego a chave, vou ao seu antigo aposento e os guardo. Depois darei a chave a ela com a recomendação de dar ao papai depois do sétimo dia. Às vezes, mamãe, sinto medo da morte. Penso que por muitas reencarnações fomos condicionados a temê-la. >

Temos o instinto de sobrevivência, porém esquecemos que sobrevivemos. Amar o plano em que estamos é o certo. Afirmo a você que viver no Plano Espiritual é mais fácil, isso para os que merecem ir para um posto de socorro ou uma colônia. Estar bem com nós mesmos é estar no céu. Não esqueça que a amo, e muito. Estarei com você, poderei desligá-la, receber seu espírito quando seu corpo físico parar suas funções. Amo-a! Amo-a! <

Adeus, cadernos! Vou guardá-los!

Não tinha mais nada escrito. O que Roberto achou interessante era que, nesse primeiro caderno, nenhuma das duas fez comentários sobre o segundo caderno. Ele entendeu que esse primeiro era o presente; o outro, o passado. Não podemos apagar o passado, modificá-lo, mas podemos tirar desses acontecimentos aprendizado, principalmente se erramos, para não errar mais e acertar.

"Penso", concluiu Roberto, "que nós quatro, Milton, Sueli, Renata e eu, agimos corretamente nesta encarnação e aprendemos muito. Bendita, mil vezes, esta oportunidade!"

14º capítulo

Histórias do passado

capítulo primeiro

Eu, Sueli, sua mãe, tive permissão de contar a você, Renata, minha filha, o que recordei do passado. Vamos fazer pedaços por dia. Escreveremos às segundas, quartas e quintas-feiras.

Não é fácil recordar o passado, ter lembranças de nossas vidas pretéritas. Penso que a maioria dos encarnados tem alguns lances de recordações e infelizmente uma grande parte não entende. São simpatias recíprocas, antipatias, fobias que não conseguem compreender, tendências, preferências etc. Alguns se recordam somente de alguns fatos, uns o fazem sozinhos, e outros com ajuda, mas normalmente por algum motivo. Sei de obsessores que fazem seu desafeto se recordar para melhor poderem se vingar. Os que se recordam espontaneamente normalmente ficam tristes, porém devem entender que o passado passou e não pode ser modificado, e que o presente, que logo se torna passado, é o período importante.

Narro a minha história e, por estarmos sempre juntos, a de nós quatro. Saber por que ouvimos nossa história é diferente de quando nos recordamos. Recordar é muitas vezes sentir a sensação de reviver. Às vezes, nessas lembranças, sentimos dores, o gosto de certos alimentos, o odor. A dor moral ou sentimental foi a que mais senti, me marcou. Conversei com outros desencarnados que estavam, como eu, recebendo auxílio para recordar, as sensações diferem; uma moça me contou que o remorso lhe doía tanto que teve de ser ajudada porque se desesperou. Concluí que todos os que ali estavam para receber o auxílio tinham cometido muitos atos errados. Comentei isso e escutei do orientador: 'Querida, aqueles que repararam os erros tiraram lições de ações indevidas e aprenderam a amar; ao se recordarem de seus atos equivocados, não se machucam tanto, não sentem mais o remorso, porque se converteram, isto é: não gostam dos erros cometidos e se propõem a fazer o bem que não fizeram. Normalmente, não se importam mais com seu passado. Dão importância ao que podem fazer no presente, ao que podem ser'.

Com a permissão para ditar a você, organizei minhas lembranças.

Das mais antigas, tive somente lances de como fui, onde vivi e o que fiz de mais importante. Infelizmente, em todas errei, mas me consolei com alguns acertos e fui passando pelas existências encarnadas.

Para não confundi-la com tantos nomes que tive, tivemos, pois nomes não têm importância, eu serei sempre Sueli, e você Renata, assim como Milton e Roberto.

Começarei a escrever sobre a qual tive mais lembranças.

Você e eu éramos irmãs, filhas de lavradores, família numerosa, eu era a mais velha. Morávamos perto de um castelo, o proprietário era um conde, o senhor das terras. Nossa casa era pequena, mas éramos felizes. O senhor do castelo e sua família foram embora, fugiram, pois todos nós sabíamos que ali seria invadido, um exército inimigo estava a caminho. Ali perto, havia uma gruta, local de difícil acesso; meu pai e os outros moradores limparam-na, colocaram colchões e alimentos. Quando soubéssemos que eles estavam se aproximando, mulheres e crianças iriam para lá e ficariam escondidos até o exército ir embora, os homens iriam para o castelo para defendê-lo.

O grito de alerta foi dado, todos foram para o abrigo. Minha mãe tinha ido à casa dos pais dela, que moravam perto. Como filha mais velha, fiz meus irmãos irem e fiquei à espera de minha mãe; você, Renata, não quis ir e ficou comigo. Quando mamãe chegou à frente de nossa casa, foi ferida com uma flecha e morreu nos meus braços. Fomos, você e eu, aprisionadas. Atacaram o castelo, deixaram-no em ruínas. Soubemos que, além de mamãe, nosso pai morrera, porque todos os homens haviam sido assassinados. Não encontraram os que refugiaram na gruta, nem fizeram questão de procurá-los.

Fomos levadas para o acampamento e estupradas. Dias depois, os soldados seguiram para outros massacres e fomos dadas a um senhor, que nos vendeu como escravas. Ficamos em residências perto e nos víamos de vez em quando. Trabalhamos muito; os senhores da casa e até os empregados nos estupravam, e éramos obrigadas a tomar drogas para abortar. Arrependemo-nos por não termos ido com nossos irmãos menores para a gruta. Era revoltada. Uma vez tomei a droga, já não o fazia mais obrigada, não queria ter filhos para sofrerem como eu, então tive uma hemorragia e desencarnei. Você, Renata, ficou sabendo e, ao ser obrigada a ter relações sexuais, pegou o punhal do homem e o tentou matar; não conseguiu, levou uma grande surra; foi vendida e obrigada a trabalhar numa mina. Desencarnou dois anos depois.

Fomos socorridas, o sofrimento foi maior do que a revolta; aconselhadas a perdoar, o fizemos. Por mim, não voltava mais ao Plano Físico, mas reencarnar era necessário, pois tinha muito o que aprender. Voltamos como irmãs. Desta vez filhas de pais ricos e tendo escravos. Que decepção! Sinto agora que, mudando de escravas para senhoras de escravos, não aprendemos a lição. Nem você nem eu fomos benevolentes. Éramos exigentes, tratávamos mal os pobres servidores, não os alimentávamos bem, tínhamos um chicotinho na cintura. Foi nesta encarnação que encontramos Milton e Roberto. Casei-me com Milton, e você, com Roberto. Foi uma existência sem muito proveito: tivemos filhos, houve traições, traímos e fomos traídas. Novamente no Plano Espiritual, sentimos muito não ter aprendido a lição, tratamos nossos servidores somente um pouco melhor do que havíamos sido tratadas anteriormente. Deveríamos ter sido melhores com os escravos.

Soube que Milton e Roberto se conheceram nessa encarnação e simpatizaram um com o outro. Eles também vinham de reencarnações com acertos e muitos erros.

Reencarnei, quis voltar primeiro, o remorso me doía, e esquecer é maravilhoso. Vocês voltaram ao Plano Físico, perto de mim. Casei, tive filhos, fiquei viúva. Você, Renata, foi minha filha. Casei-me, na segunda núpcia, com Roberto, que era muito mais novo que eu. Vocês dois, meu marido e filha, não resistiram e se tornaram amantes. Eu sabia e me tornei amante de Milton, que era filho de uma amiga e meu afilhado. Penso que foi nessa encarnação que de fato amei Milton e ele a mim, assim como Roberto e você. Roberto, querendo se casar com você e ter filhos, me assassinou, e o fez de forma a parecer ter morrido naturalmente. Milton descobriu e matou Roberto. Ele foi preso e desencarnou anos depois, sofreu muito na prisão. Você ficou sozinha.

Sofremos no Plano Espiritual, sentimos pelos erros que cometemos, prometemos agir corretamente e reencarnamos.

Voltamos como irmãos, filhos de um casal pobre e tínhamos mais oito irmãos. Trabalhávamos muito desde pequenos. O trabalho foi uma boa lição para nós. Embora nós quatro fôssemos unidos, brigávamos muito, tínhamos ciúmes uns dos outros e muitos sonhos. Eu falava que ia ser rica, ter vestidos bordados, penso que meu espírito se lembrava da existência anterior. Meus irmãos riam de mim.

Teve uma epidemia terrível pela região, adoeci, e Milton cuidou de mim. Foi atrás de um curandeiro e me deu chás; desencarnei e, logo depois, nossa mãe, Roberto e você. Muitas pessoas desencarnaram, foram poucos os doentes que conseguiram sobreviver. Milton ficou inconformado e aí decidiu aprender com o curandeiro a arte de curar, mas também ficou tomando conta dos irmãos que ficaram, pois nosso pai adoeceu. Milton sentia que amava alguém, não quis casar. Começou aí seu amor pela medicina.

Nós três, adolescentes, ao desencarnarmos com a peste, fomos socorridos. Procuramos ser úteis no Plano Espiritual e acompanhamos Milton no seu trabalho, ele desencarnou com trinta e nove anos. Milton tinha agora um objetivo, queria se dedicar à arte de curar, ser curandeiro ou estudar. Planejamos reencarnar e estudar. Nenhum de nós tinha ainda estudado quando encarnado.

Você, Renata, e Milton eram irmãos, filhos de um professor, e nós, Roberto e eu, éramos vizinhos. Nós quatro frequentamos a escola para aprendera a ler e escrever. A primeira vez que isso acontece é mais difícil, o esforço é grande para aprender. No começo eu me entusiasmei para ir à escola, mas, achando difícil, abandonei os estudos, embora tenha aprendido o básico. Roberto, quando criança, mudou-se com seus pais para outra cidade. Também frequentou a escola.

Crescemos. Milton e eu namorávamos, porém um homem rico se interessou por mim, e o abandonei para casar com esse senhor. Milton sofreu, se desiludiu e se dedicou a aprender: lia muito e conversava com quem sabia na ânsia de conhecer. Queria ser médico, mas não foi possível, porque seus pais não tinham condições. Comprou vários livros de medicina e os lia, tentando entender. Novamente, por pesquisar e pelas leituras, fazia remédios e os dava para as pessoas; dos ricos, ele cobrava.

Eu, infeliz no casamento, pois não amava meu marido, dei um jeito de encontrar com Milton e nos tornamos amantes; tive sete filhos, somente os dois mais velhos sabia serem do meu marido, dos outros não sabia quem era o pai. Fiz questão de que todos estudassem. Desta vez, tive empregados e os tratei bem. Milton desencarnou por uma doença contagiosa, contraiu de um doente de quem cuidava. Fiquei muito triste, alimenta-va-me pouco, adoeci e desencarnei meses depois. Deixei viúvo um marido que era muito mais velho que eu e que logo se casou de novo.

Você, Renata, nessa encarnação, casou-se com um moço pobre, mas trabalhador. Por Roberto ter se mudado com os pais, não se reencontraram. Ele voltou à aldeia anos depois casado e com filhos. Vocês se viram, foram atraídos um pelo outro, e se tornaram amantes. Seu marido descobriu, pois, apaixonados, não se importavam em esconder. Seu esposo planejou pegá-los juntos e matá-los. Isso ocorreu, porém ele e Roberto lutaram e foi seu esposo quem morreu. Com o escândalo, a esposa de Roberto exigiu que vocês dois se separassem e foram embora do lugar, mudaram-se para outra cidade. Você sofreu pelo preconceito de ser adúltera, pela viuvez e pelo desprezo de seus filhos. Desencarnou só, abandonada e amando Roberto. Ele foi embora por medo, sua esposa era irmã de um monsenhor importante, que poderia mandá-lo prender e até ser acusado pela Inquisição. Não se esqueceu de você, Renata.

Novamente no Plano Espiritual, falamos de nossos acertos e erros. Fomos bons pais, não fizemos grandes maldades, mas traímos e, para trair, fizemos atos indevidos. Somente cumprimos um item do que prometêramos: estudar.

Resolvemos reencarnar longe uns dos outros.

Reencarnei numa cidadezinha, meus pais eram de classe média. Sempre senti a sensação de que amava alguém, que me faltava algo, uma sensação estranha, sentia falta de amigos, de outros irmãos e de um amor. Ali onde morava todos tinham de se casar, e muito jovens, principalmente as mulheres. Meu pai acertou meu casamento. Os casamentos eram simples e realizados na Igreja. Conversei com meu noivo três vezes antes de nos unirmos. Não gostava de meu marido, que era bruto e autoritário; ele também não me amava. Tive filhos e tentei protegê-los do pai violento. Quando meu marido quis obrigar minha filha a se casar com um homem muito mau, achei que era hora de pôr um fim naquela agonia, matei meu marido com a ajuda de dois filhos. Ninguém soube; para todos, ele morrera dormindo. No começo, tudo deu certo, porém este espírito, o do meu ex-marido, voltou para se vingar. Um dos filhos que me ajudara foi embora, mudou de país; os outros se casaram com quem escolheram. Meu ex-esposo me obsediou com ódio, não me perdoou por tê-lo assassinado. Perseguiu-me com tanto rancor que fiquei louca. Desencarnei. Depois de um tempo vagando pela casa em que morara e atormentada por esse espírito, fui socorrida. Reencontramo-nos num posto de socorro e contamos nossas histórias.

Você, Renata, reencarnou escrava, teve uma infância sofrida, trabalhou muito, foi obrigada a ter filhos, tentou ser boa mãe. Mas sentiu raiva de muitas pessoas e odiou algumas. Aprendeu a fazer o mal por feitiços e se afinou com outras escravas que nutriam os mesmos sentimentos. Ficou doente, e a enfermidade a fez pensar em Deus, perdoou e quis ser perdoada. Pensou muito no que ouvira de um outro escravo, de que tudo tinha razão de ser. Sofreu muito com a enfermidade e se arrependeu por ter feito feitiços. Desencarnou e foi socorrida por espíritos que também haviam sido escravos.

Roberto estudou, foi ser soldado; patriota, agiu com maldade com aqueles que erravam e com os adversários. Não se casou. Primeiro porque mudava muito de cidade e também por ter medo de que, se casasse, sua família seria atingida por alguma vingança. Foi também obsediado por um desencarnado que, quando no físico, foi ladrão, sendo torturado e morto por ele. Sofreu com a obsessão, porém foi por meio desse sofrimento que compreendeu ter feito maldades. Ele via esse desencarnado, sentia-o perto dele, tinha pesadelos. Esforçou-se para esconder esse fato para não ser julgado louco. Quando se aposentou, foi morar num local isolado, queria mesmo se afastar de todos. Sozinho, pensou muito na sua vida, nos seus acertos, no bem que fizera, mas as maldades se sobressaíam. Ser obsediado é um tormento. Se prejudicou alguém e este não perdoar e quiser se vingar, é sofrimento para ambos. Adoeceu e, como estava sozinho, não conseguiu se levantar do leito para se alimentar ou beber água. Quando desencarnou, esse obsessor quis levá-lo para o Umbral, mas amigos o desligaram e o levaram para um socorro.

Milton reencarnou numa cidade maior; adolescente, foi trabalhar com um médico. Sentia muita vontade de ser como seu patrão. Aprendeu muito nesse trabalho. Teve de se casar com uma jovem por ela ter engravidado. Para ter dinheiro para sustentar a família, sua esposa exigia muito, demitiu-se do emprego e passou a usar do que aprendera atendendo pessoas em sua casa; fez muitos abortos, cuidou de bandidos feridos, mas também ajudou muitas pessoas, tratando-as sem cobrar. Fez isso por quinze anos. Muitas pessoas diziam que ele era feiticeiro, mas Milton nunca fez magias, usava somente dos

Histórias do Passado

conhecimentos que aprendera com o médico com quem trabalhara. Soube, porque seu sogro o avisara, que uns padres iriam à cidade para investigar denúncias. Estes padres trabalhavam para a Inquisição, e todos tinham muito medo da Inquisição, que torturava e matava hereges, aqueles que não seguiam as normas ditadas pela Igreja. Muitas pessoas que usavam de conhecimentos da medicina sem serem médicas eram taxadas de bruxas e feiticeiras, sendo condenadas. Milton vendeu tudo, deu dinheiro para a esposa e para os três filhos adolescentes e, escondidos, os fez ir para a casa do sogro. Fugiu para a floresta, escondeu-se numa gruta e ali se alimentava de frutas, peixes e animais que caçava. A Inquisição não o prendeu. Viveu ali por três anos e oito meses, sofreu um acidente, caiu de um penhasco, ficou horas agonizando e desencarnou.

Depois de um tempo em que estávamos no Plano Espiritual, fizemos um balanço dos prós e contras. Reunimo-nos nós quatro, conversamos e concluímos, ficar separados foi pior. Juntos, nos ajudávamos e errávamos menos. Depois de refletirmos bastante sobre os atos de nossas reencarnações, concluímos que aprendemos, erramos, tivemos acertos, fizemos amizades e inimizades. Recebemos auxílio, tivemos oportunidades para melhorar e até nos esforçamos para que isso ocorresse. Fizemos o propósito de nos amarmos de forma honesta, sem trair, de estudar e não fazer o mal, mas o bem.

Fazer planos desencarnados não difere de fazê-los quando encarnados. Recordo-me agora de um fato que ocorreu nesta minha última encarnação. Casada e com vocês pequenos. Planejamos, eufóricos, Roberto, eu e Merci, fazer uma grande festa na passagem do ano aqui na fazenda. Convidaríamos e faríamos questão de que os irmãos de Roberto viessem com os filhos, além de meus parentes, irmãos, tios e primos. Planejamos o que faríamos de comida, como íamos hospedá-los, o que comprar, empregados extras a contratar e começaram a aparecer os obstáculos. Onde pôr para dormir tantas pessoas? Será que alguns deles iriam se sentir bem dormindo no colchão no chão? Roberto, eu, você e seus irmãos nos acomodaríamos no quarto de Merci. E ela, onde dormiria? As empregadas contratadas viriam? Dariam conta de tanto serviço? E se alguém ficasse doente? E se houvesse brigas? Não tínhamos mais muita convivência com nossos parentes. Como saber se todos se comportariam? Resolvemos então que num ano convidaríamos meus parentes e, no outro, os do Roberto. Porém logo começaram novamente as indagações e, quando chegamos na quantia a ser gasta, preocupamo-nos. Com o dinheiro que seria gasto, daria para comprar muitas roupas e brinquedos para você e seus irmãos e, pela festa, vocês ficariam dois natais ganhando lembrancinhas. O gasto seria realmente exorbitante. Roberto concluiu que teria de trabalhar muito mais. Ele me perguntou: 'Será, Sueli, que vale a pena?'. Deduzimos que não valeria e não fizemos festa nenhuma. Penso que foi o certo, festa é supérfluo, não vale a pena se sacrificar por esse motivo. Porém me vejo assim: desencarnada, planejo a reencarnação. Afirmo convicta que irei fazer isso, que quero agir assim etc. O tempo passa. Reencarnada, aparecem os 'poréns', e vamos modificando o que fora planejado, evitando as dificuldades, muito trabalho, e os planos se vão...

Todas as vezes que estivemos no Plano Espiritual fizemos planos e nos arrependemos dos erros cometidos. Lá, sentimo-nos bem, pois estamos entre pessoas com objetivos de se melhorarem. Estudamos e trabalhamos. Uma coisa boa nos ocorreu: nenhum de nós quatro foi ou é ocioso. Concluí que a vida é sem fim após o fim da vida física, e a vida é sem morte após a morte do corpo carnal. Porém as oportunidades devem ser aproveitadas, porque não basta ir e voltar, ou seja: encarnar e desencarnar sempre do mesmo modo, sem melhorar. É preciso, e no presente, compreender a necessidade de se tornar um servidor e deixar de querer ser servido, de estudar, de colocar em prática o que se aprendeu, de ser um servo útil.

Roberto, quando acabou de ler este capítulo, fechou o caderno e ficou pensativo. Sentiu o que Sueli escrevera: ler sua história contada por outra pessoa é diferente do que se recordar. Porém foi sentindo com a narrativa os acontecimentos e teve a certeza de que o que lia era verdadeiro.

Orou agradecendo a Deus por não existir inferno eterno, porque seria para lá que ele teria ido, e também por não existir o céu de ociosidades.

– A vida – exclamou –, como um todo, nos dois planos, é bela! Bendito seja o Senhor!

15º capítulo

Histórias do passado

capítulo segundo

Foi depois de dois dias que Roberto retomou a leitura do segundo capítulo, em que Sueli continuou com sua narrativa.

Voltamos, escreveu Renata, pela psicografia, o que Sueli ditava, ao Plano Físico numa mesma localidade, numa cidade de porte médio, bonita e de lindas paisagens. Morávamos perto e brincávamos juntos. Você e eu éramos primas. A garotada da vizinhança brincava pelas ruas, às vezes íamos ao campo. Íamos à escola, que era precária e tinha um único professor para todas as séries, porém este mestre era bom e amava ensinar.

Quando pequenas, dizíamos que eu iria casar com Milton, e você, com Roberto. Milton queria estudar e ser médico, Roberto também desejava isso. Nas brincadeiras, eles eram médicos, mas não havia malícia, eram desejos de almas.

Adolescentes, mesmo eufóricos com a idade, vieram as preocupações. O ensino para nós terminara; embora desde os oito anos ajudássemos nossos pais com trabalho, agora teríamos de pensar no que faríamos.

– Meu pai – contei – falou que eu tenho de procurar um emprego, está tentando arrumar para mim um trabalho de doméstica numa casa de ricos. Ou posso escolher casar, procurar um marido.

– Não sei qual opção é pior – você falou. – Com certeza isso também será proposto a mim, e logo.

– Queria tanto estudar medicina! – lamentou-se Milton. – Não posso estudar, e teremos pouco tempo para nos vermos, para estarmos juntos. Meu pai quer que amanhã eu vá com ele para o trabalho. Por que não posso ser médico?

– Eu idem, idem! – exclamou Roberto. – Porém tenho uma proposta a fazer a vocês. O monsenhor do convento...

– Aquele padre que passa sempre por aqui? – interrompi.

– Sim, ele é um monsenhor, passa aqui tranquilamente no seu cavalo e se dirige ao bosque, onde estão algumas chácaras. Há três dias eu o segui. Ele vai à casa de dona Zerafina, aquela mulher bonita e vistosa.

– Mora sozinha e vive muito bem, tem roupas boas e compra muitos alimentos – você comentou.

– Ela é amante dele! – contou Roberto. – Aí pensei: Por que não roubá-lo? Veja que coincidência: ele está vindo da Igreja. Como já foi em outras, veio recolher as esmolas do mês. Passa com cara de santo e está indo para o bosque, fala que vai pegar uma erva para seu chá, porém vai à casa dessa mulher. Preste atenção no que planejei porque, se não fizermos alguma coisa, iremos nos separar ou poderemos até ficar juntos, mas trabalhando muito e ganhando pouco, casados e tendo muitas dificuldades. Para estudarmos, a única opção é ir para o convento.

– Convento?! – exclamamos indagando.

– Sim – Roberto resolveu explicar. – Faz tempo que eu estou pensando em sair dessa pobreza. Como? Sendo religioso. Os padres e freiras vivem bem, alimentam-se com banquetes, têm moradia e, melhor, podem estudar: aqueles que estudam mandam. Milton e eu poderemos estudar e seremos médicos.

– Nunca vi um padre médico! – você falou.

– Ora, o padre Heitor não cuida de enfermos? A irmã Margarida também não o faz? – perguntou Roberto.

– Sim, eles cuidam de doentes como outros religiosos – você concordou.

– Vou falar logo o que pensei, e não mais me interrompam.

Roberto estava decidido.

– Vamos caminhar ligeiro rumo à casa da dona Zerafina; ao chegarmos perto, vamos nos esconder. Renata e eu, ela por ser menor e magra, iremos espiar a casa e com certeza encontraremos alguma janela aberta, hoje está fazendo muito calor. Renata entra na casa pulando a janela, pega a bolsa do monsenhor, abre, pega o dinheiro, coloca nesta sacola, sai da casa e vamos nos esconder na ladeira; quando acharmos que o monsenhor foi embora, voltaremos. Com esse dinheiro, iremos pagar nossa entrada no convento. Andem! Temos de ir logo!

Seguimos Roberto sem ao menos entender todo o plano e não tivemos tempo de pensar que algo poderia dar errado. Mas não deu. Com muito cuidado, chegamos perto da casa e vimos o cavalo amarrado; primeiro observamos o animal, não vimos a bolsa no arreio, rodeamos a casa e vimos uma janela aberta, estava encostada, era a da cozinha. Milton e eu nos escondemos atrás de uma árvore. Roberto ajudou você a pular a janela.

– Vá à sala, não esqueça que a bolsa é marrom, tire o dinheiro, coloque este saco com areia no lugar e saia devagar, preste atenção para não tropeçar em nada, não faça barulho – recomendou Roberto.

Você contou depois que, com o coração aos saltos, pulou a janela e, com muito cuidado e atenção, foi à sala e viu numa cadeira a roupa do monsenhor e a bolsa. Teve tempo de olhar a casa: por fora parecia simples, mas por dentro era luxuosa. Abriu a bolsa, havia muito dinheiro, colocou no lugar o saco de areia, e o dinheiro, na sacola. Deixou tudo como encontrou, voltou atenta à cozinha e pulou a janela. Roberto a ajudou.

Nós quatro, rápidos, fomos à ladeira. Nesse local havia uma pedra grande, uma somente; era, havia tempos, nosso local de encontros.

– É muito dinheiro! – exclamei. – Resolveremos as dificuldades de nossas famílias.

– Não seja idiota! – Roberto me repreendeu. – Se alguém aparecer na cidade com mais dinheiro, será questionado e sabe bem o que fazem com ladrões, não sabe?

Ladrões eram espancados, presos em celas em porões escuros, prisões horríveis e seria pior se o roubo fosse das Igrejas.

– Ai, meu Deus! – exclamei. – Vamos devolver esse dinheiro. Talvez tenhamos tempo.

– Esse dinheiro não é para ser gasto! – Roberto estava nervoso. – É para pagar nossa entrada no convento. Não entenderam? Se você não quiser ir, pode ficar, porém tem de jurar não contar o que fizemos.

– Gosto do seu plano, amigo – falou Milton. – Já me vejo estudando, podendo ir à biblioteca, aprender, comer bem... Fale do resto que planejou.

– Antes de termos de mudar nossas vidas de adolescentes para as de adultos e, como tais, termos de trabalhar, vamos para o convento.

– Não temos vocação – você tentou argumentar.

– Isso é o de menos – Roberto a interrompeu. – Como não sabe se quer ser freira se não sabe o que é ser uma?

– Isso é verdade, lá podemos ter essa tal vocação – disse. – Querer ir é vocação? Como saber? É a melhor opção que temos; senão, acabarei como empregada ou casada, e casar, só se for com você, Milton.

– Vamos escutar Roberto. Fale, amigo! – pediu Milton.

– Iremos deixar aqui essa sacola, no nosso esconderijo, nesse buraco no vão da pedra. Diremos aos nossos pais só uma parte da verdade, que seremos religiosos. Os dois conventos são perto um do outro, são murados, uma fortaleza, porém, como se ouve por aqui, existem passagens no subsolo, uma unindo os dois prédios e outra para os que estão lá dentro poderem sair. Penso que no começo de nossas estadias devemos ser obedientes e, com cautela, nos enturmarmos com aqueles que não agem corretamente, aí poderemos nos encontrar por essas passagens e continuar com nossa amizade. Sueli e Renata vão prometer ser sempre amigas e uma proteger a outra, Milton e eu também prometeremos.

– Isso é importante, podemos sair se quisermos; se lá a vida não for de nosso agrado, poderemos voltar para nossas casas. É difícil entrar nos conventos sem pagar o dote. Por isso o roubo. Agora vamos para nossas casas. Depois de amanhã, venho pegar o dinheiro; tomaremos banho, colocaremos nossas melhores roupas e levaremos somente uma troca de roupa, porque as que usaremos lá serão as que eles usam. O senhor Miguel, o professor, nos levará; combinei com ele, e nosso antigo mestre dirá que somos de famílias ricas.

– Como convenceu o mestre? – perguntou Milton curioso.

– Falei a verdade. Expliquei a ele que somente assim estudaremos. Ele se preocupou com o roubo, mas eu expliquei que o dinheiro voltaria para o local e para as pessoas de que havíamos roubado e que nada se perderia. Ele concordou porque também falei que sei que ele se encontra com uma freira e que a esposa dele e a madre superiora não ficariam alegres ao saber.

– Isso que fez não é certo! É chantagem! – você exclamou.

– O que é certo? É o monsenhor ter amante? Essa freira sair de lá e encontrar com o professor? Nossas vidas melhorarão. Lá, vocês duas estarão juntas, como Milton e eu, e, depois de um tempo, espero que não seja muito, nos encontraremos e seremos amantes. Não se preocupe, Renata, eu a quero muito, gosto de você e desejo que sejamos felizes. Se não formos, como enfrentar tantas dificuldades, as que vemos nossos pais passar? Será que as dificuldades que enfrentaremos, se não formos para o convento, não nos separarão? É isso o que quer? Eu não quero! Desejo viver com vocês três perto de mim.

– Nunca pensei em ser amante – você disse.

– Pense que somente nos encontraremos e não nos separaremos – Roberto tentou, suavizando, convencer a amiga, que já amava.

– Assim é melhor! – você suspirou.

– Eu vou! Estudar é o meu sonho! Irei! – opinou Milton.

– Não sei, estou receosa. Você vai mesmo, Milton? – estava indecisa.

– Vou com Roberto! Se você, Sueli, não quiser ir, fique e não fale nada para ninguém sobre o que fizemos – Milton resolvera mesmo ir.

– Pensando que se não gostar posso sair, irei – você decidiu.

– Então vou também! – concordei.

Combinamos mais alguns detalhes, fomos para nossas casas e falamos aos nossos pais.

A possibilidade de um pobre entrar no convento naquele tempo e lugar era pequena. Meus pais e os de Milton duvidaram que seríamos aceitos, mas não se opuseram que fôssemos, que tentássemos. Seus pais argumentaram que você não tinha vocação, e você explicou que se não gostasse poderia voltar, realmente assim pensava. Roberto já tinha falado aos pais e, com entusiasmo, mostrou a eles as vantagens de ter um filho padre; ficaram contentes com a notícia de sua ida.

No dia combinado, Roberto dividiu o dinheiro e, com nossas melhores roupas, encontramo-nos com o professor, que nos esperava na escola, e fomos para o convento. Primeiro ele levou os garotos e deu o dinheiro, era uma quantia considerável para a época, e afirmou que os dois eram de famílias ricas. Foram aceitos. O mesmo ocorreu com nós duas. Ficamos alojadas no mesmo quarto. Entendemos que aquelas que não tinham dotes eram as que trabalhavam pesado, eram como empregadas no convento. Nós, com dotes, fomos estudar e logo seríamos noviças. Tínhamos tarefas: limpar o quarto que usávamos; um dia por semana, a capela; outro, ajudar na cozinha; dois dias, o pátio; outro, a biblioteca. Tínhamos de orar no quarto antes de dormir e ao nos levantar. Nós duas não fazíamos isto, mas não pudemos nos livrar de assistir às missas e orar na capela. Estudar nos era prazeroso, podíamos ler os livros que quiséssemos, estudávamos para dar aulas ou para sermos enfermeiras.

Enquanto isso, soube, depois que começamos a nos encontrar com Milton e com Roberto, que eles também haviam ficado juntos no quarto e oravam quando obrigados, tinham tarefas e passaram logo a estudar, se dedicando mais à enfermagem e, logo após além de estudarem as matérias obrigatórias para se tornarem padres, fizeram estudos com um padre médico. Tinham, na biblioteca, muitos livros de medicina, a arte de curar. Os dois não somente liam, mas estudavam. Os dois foram reconhecidos por estudarem muito, e o superior do convento facilitou para que pudessem estudar mais. Viram o monsenhor que fora roubado e conviveram com ele pouco tempo, porque, meses depois que haviam chegado ali, ele ficou doente e desencarnou. O roubo não foi mencionado. Milton e Roberto concluíram que ele somente se deu conta quando foi contar o dinheiro no seu escritório. Com certeza preferiu ficar calado para não dar explicações.

Foi Milton quem deu um jeito de se encontrar conosco. Descobriu que um padre se encontrava com uma freira, seguiu-o e os flagrou, porém prometeu nada dizer e deu bilhetes para serem entregues a nós duas marcando um encontro. A freira nos ensinou como ir ao porão e abrir a passagem. Isso era feito à noite, quando todas estavam dormindo. Ela nos levou, e os dois nos esperavam. Foi um encontro amigável, rever os amigos foi muito bom. Contamos as novidades.

Afins acabam por se unir. Tanto nós duas como os dois reunimo-nos com outros frades e freiras que pensavam como nós. Assim, logo depois de dois anos, tínhamos atividades à parte. Muitos religiosos no convento eram idôneos, oravam, trabalhavam para o bem comum, seguiam normas. Outros, pseudorreligiosos, se protegiam, uns ajudavam os outros, nos denominávamos amigos, tínhamos nossos afazeres e outro modo de viver. Passamos a nos encontrar, nos primeiros encontros ficávamos somente de mãos dadas conversando, contávamos as notícias que recebíamos, escrevíamos e recebíamos cartas de familiares. Entusiasmados, falávamos dos estudos. Depois, esses encontros se tornaram particulares; depois de conversar, nos separávamos no corredor. Tornamo-nos amantes, Milton e eu, Roberto e você, Renata. Amávamo-nos, e muito.

Quando uma freira ficava grávida, tomava chás abortivos, normalmente dava certo; se não dava, uma de nós fazia o aborto, conhecimento passado por décadas. Era raro alguém levar a gravidez adiante e, se isso ocorria, o neném era levado para longe do convento e abandonado na porta de alguma casa. Você fez três abortos; no último, em que sofreu muito, algo aconteceu, e você não ficou mais grávida. Eu fiz muitos abortos. Ambicionei ser a madre superiora, fiz tudo para isso e consegui. Quando recebi o cargo, tudo ficou mais fácil para as que me seguiam.

Tínhamos também, pelos corredores, no porão, além do caminho que ligava os dois prédios, outro, por onde se saía dos conventos. Havia, nesse corredor, duas portas que ficavam sempre trancadas e poucas tinham as chaves. A saída era entre árvores por um buraco e ficava bem escondido. Se um estranho encontrasse o buraco e até entrasse nele era difícil ver a primeira porta, porque ali era bem escuro e ela estava camuflada, parecia um barranco. Padres e freiras do grupo de amigos saíam e iam visitar amantes, ir a bares, festas etc. Nós quatro raramente saíamos, o importante para nós era estarmos juntos.

Erramos, mas fizemos coisas certas. Você era ótima enfermeira, saía como freira do convento durante o dia e, com outras, cuidava de doentes, e eu protegia sim as amigas e também as outras, não fiz mal a ninguém. Nós quatro, como algumas outras, ajudávamos nossas famílias com dinheiro, roupas, remédios etc. mas, infelizmente, com o dinheiro da congregação, fazíamos isso escondido. Roberto, bom administrador, administrava financeiramente os dois conventos, melhorando a vida de todos que viviam neles e fazia muitas doações aos pobres da cidade e da região. Milton realizou seu sonho, tornou-se médico dedicado, cuidando de todos. No convento masculino, o superior não gostava de trabalhar, e seu cargo era somente de fachada, quem cuidava de tudo era Milton e Roberto, pois esse superior os achava competentes, e os dois faziam tudo o que lhes cabia fazer; em troca, os deixavam agir como queriam. Os dois protegiam os amigos, mas também faziam de tudo para haver harmonia no convento e tratavam muito bem os bons religiosos, eram por eles admirados.

O amor entre mim e Milton e Roberto e você sempre existiu. Fomos envelhecendo amigos e amantes.

Uma vez um senhor rico colocou a filha no convento por ela amar um moço pobre e por ter tido relações sexuais com ele. A mocinha sofria, tratamos de resolver seu problema. Milton procurou o moço e permitiu que os dois se encontrassem. Planejamos para os dois fugirem para longe.

Uma freira, jovem ainda, que não tinha família, estava muito doente; Milton examinou-a e constatou que ela morreria logo. Resolvemos trocar a identidade da freira que estava morrendo pela dessa moça. Avisei por carta ao pai dela informando que a filha estava muito enferma. Esse senhor não deu importância. Dias depois a freirinha morreu e dissemos que era a moça. Minhas amigas ajudaram. A moça fugiu, foram realmente para longe, dei dinheiro a ela, a metade do que seu genitor pagara para que entrasse no convento. Avisei sua família, ninguém apareceu, enterramos a freirinha. Disse às outras freiras que a irmã que estava adoentada continuava mal e que sua doença era contagiosa e que somente você tomaria conta dela; dias depois, dissemos que ela falecera; um caixão foi lacrado, dentro colocamos pedras e o enterramos logo após Roberto dar as bênçãos. Caso resolvido, suspirei aliviada. Mas descobri que duas freiras mais idosas haviam descoberto, e uma delas escreveu para o bispo. Apavoramo-nos. Milton encontrou a solução, me deu drogas para serem colocadas nos alimentos delas. Para a mais velha, uma droga que a faria dormir; para a que escrevera, a deixaria confusa.

Fizemos isso e, por um tempo, ninguém sairia dos conventos. Fechamos o porão, as passagens, e todos nós, os amigos, ficamos bem comportados. Repassamos os planos, deveríamos omitir nas confissões; confessaríamos contando pecados simples, como: 'comi demais', 'fiquei com preguiça de levantar', 'não fiz determinado trabalho direito'. Não podíamos falar de jeito nenhum que agíamos erradamente.

O bispo veio com uma comissão e foi muito bem recebido no convento masculino, onde encontrou tudo em ordem. Foi ao feminino durante o dia, também encontrou tudo certo, e quis ver a freira que lhe escrevera. Disse ao bispo que ela não estava bem de saúde, que havia meses que estava doente e mandei buscá-la.

Irmã Joana, assim se chamava, veio e, confusa, ao ver o bispo com outros monges, gritou apavorada que soldados estavam invadindo a casa.

– Senhor – expliquei –, irmã Joana está doente, mas é muito bem tratada por todas nós. Não sendo agressiva, anda pelo pátio, vai à capela e nós, com carinho, a estamos sempre olhando.

O bispo perguntou pela outra, a levamos ao seu quarto e explicamos que esta dormia muito, que era idosa, não estava bem mentalmente, mas que também cuidávamos dela. Este superior, no outro dia, quis conversar com a delatora a sós. Ele o fez; com certeza, ela, confusa, não disse nada coerente. O bispo não voltou mais no convento feminino e, dois dias depois, foi embora com a certeza de que tudo estava certo. Não dei mais a droga à irmã Joana que a deixava confusa e sim a outra para dormir, e as duas passaram a dormir muito e ser vigiadas para não delatarem mais.

Com a idade, me tornei obesa e continuei a ver Milton, assim como Roberto e você.

Muitas vezes, ao nos encontrarmos, ficávamos os quatro contando acontecimentos, dando opiniões de como proceder em determinados assuntos. Numa noite, Roberto levou a Bíblia e leu, para escutarmos, dois textos de Mateus e Lucas. Pedaços do Evangelho em que Jesus censura os fariseus. Comentou após:

– Não somos os fariseus atuais? Sinto que eu sou! O que pareço ser para as pessoas? Um bom sacerdote que cuida das finanças, dá lucro para a Igreja, uma pessoa que adora a Deus e vive para servi-Lo. Sou um túmulo caiado de branco. O que sou por dentro? Este mesmo túmulo cheio de podridão. Sinto-me culpado por ter trazido vocês para esta vida.

– Viemos por livre vontade – você o defendeu. – Poderíamos nós três termos saído, ido embora, ninguém nos obrigou a ficar. Eu fiquei para não ficar longe de você.

– Tenho pensado muito no que faço! – suspirei, me lamentando. – Concordo com Renata; de fato, você que teve a ideia e nos trouxe, mas não deve se sentir culpado, não nos forçou e nos tornamos religiosos porque assim desejamos. Como mudar agora que estamos idosos? Como deixar tudo o que conquistamos? Como não nos vermos mais? Embora eu tenha coragem de agir errado, não tenho para mudar. Confessar o que fizemos? Além de nós, quatro, outros amigos seriam levados para a Inquisição, torturados e mortos na fogueira.

– Tenho pensado – falou Milton – que Deus é muito mais do que isso que acreditamos. Erramos, mas a Igreja não erra? Sei que não é justificativa a Inquisição matar em nome de Deus se foi Deus que disse "não matarás". A Igreja mata hereges por não pensarem e agirem como eles determinam. Hereges também não são filhos de Deus? Infelizmente somos hereges. Temos de ter cuidado. Não me arrependo de ter vindo para o convento. Estudei. Talvez um dia possa compreender melhor o que é Deus. Vou meditar sobre o que leu, Roberto. Porém penso como Sueli, não tenho coragem de ser diferente. Sou um guia cego!

Ficamos tristes, mas a tristeza passou.

Que pena! Mesmo sabendo no íntimo que estávamos errados, não nos modificamos. Penso que, para mudar, precisa-se de muita coragem. Eu poderia mudar sem delatar as amigas, tornar-me uma religiosa mesmo. Mas não conseguia ficar sem ver Milton e também era difícil para mim não dar dinheiro para minha família, dinheiro que não era meu, era da congregação.

Roberto fez uma pausa após ler esse texto. Fechou o caderno e pegou a Bíblia que estava na estante para procurar e ler os textos que Sueli citara. Ao pegar a Bíblia, viu que estava marcada em dois lugares. Um deles era o Evangelho de Mateus, capítulo 23, versículos de 13 a 34. A outra marcação estava em Lucas, capítulo 12, versículos de 1 a 3.

Histórias do Passado

"Com certeza foi Renata quem fez essas marcações, ela também veio pesquisar e ler."

Ao ler, Roberto teve a sensação que de fato ele havia lido muitas vezes esses textos quando fora padre. Aquelas advertências!

Ficou meditando sobre uma frase das advertências de Jesus, de que, se um cego conduz outros cegos, todos acabarão por cair. O mestre Nazareno havia advertido religiosos de todos os tempos, de todas as seitas e religiões. Entendeu o que, amorosamente, Ele ensinou: aí daqueles que não foram iluminados por Deus, mas ordenados pelos homens, aqueles que se designaram guias espirituais sem ter Deus no coração, os que não seguem os ensinamentos de Jesus, pois fazem mal a si mesmos e se tornam maus, prejudicando outros que os têm por guia.

"O que me levou, no passado, a ser um pseudorreligioso?", Roberto perguntou a si mesmo. "E os outros, em nome de uma religião, a agirem erroneamente? Com certeza a ambição, a cobiça por dinheiro, o prestígio, o orgulho do que representam, status sociais. Eu e amigos, no passado, e muitos no presente roubamos a chave do conhecimento que nos leva ao progresso espiritual e impede outros de progredirem. Essa chave consiste na honestidade, na experiência interna, e não na formalidade externa. A ignorância do mundo espiritual é treva, luz é o conhecimento verdadeiro. Só pode iluminar quem é iluminado. Só pode guiar alguém quem se deixar guiar por Deus. Porém", Roberto suspirou, "ninguém pode ser bom no meu lugar, fazer o bem por mim. Meus atos me pertencem".

Foi somente no outro dia que Roberto pegou novamente o caderno para continuar sua leitura. Renata escrevera o que havia acontecido, ditado por Sueli:

Ia ter uma grande festa, era um encontro anual, comemoravam o final da colheita. A maioria de minhas amigas foi. Fiquei as aguardando no porão, sempre que saíam para festas, preocupava-me. No horário marcado para voltarem, uma somente retornou, estava apavorada, disse que uns homens estavam atacando mulheres e que as outras não estavam conseguindo voltar. Fui socorrê-las. Quando cheguei ao final do túnel, abri o portão e saí no meio das folhagens e pedras. Estava escuro. Assobiei, escutei resposta e logo chegaram três delas. Faltavam duas, coloquei as três para dentro. 'Vão, eu espero as duas!', afirmei. 'Cuidado, irmã, está perigoso. Fomos atacadas.' Elas entraram. Assobiei de novo. As duas vieram correndo e três homens corriam atrás delas. Aproximaram-se de onde estava, dei um soco num deles que segurava uma delas, ele tonteou, estava embriagado, ele a soltou e ordenei: 'Entre!'. A última, os três homens a cercaram. Peguei pedras, atirei neles, a puxei, e eles a soltaram. Um homem me esfaqueou. Ao me verem ferida, os três se apavoraram e fugiram. Ordenei à amiga: 'Corra! Entre! Feche o portão. Meu ferimento é de morte. Esperem um pouco, reúnam as amigas e voltem para me buscar. Mas cautela, antes de abrir o portão verifiquem se não tem ninguém aqui'. A jovem obedeceu. Meia hora depois as amigas se reuniram e voltaram para me buscar. Mas, como previra, desencarnara. Trouxeram meu corpo para dentro do convento, me limparam, trocaram minha roupa e, para todos, morri dormindo. Milton sofreu muito, assim como Roberto e você. A superiora passou a ser outra freira do grupo de amigas. Você desencarnou dois anos depois, não demorou foi a vez de Roberto e, dois anos após, Milton fez sua passagem.

Sofremos. Ficamos vagando pelos conventos, fomos socorridos anos depois por aqueles que foram bons religiosos.

Fiquei pensando no porquê dos bons religiosos não terem desconfiado e barrado nossas atitudes equivocadas. Com certeza por não serem capazes de fazê-lo, por julgarem que companheiros religiosos não agiam errado. Também por eles cuidarem de seus afazeres, serem tímidos, ingênuos, não ambicionarem poder, não quererem ser superiores.

Fomos separados. Reencarnamos. Recebemos pela dor a reação de atos indevidos. Milton reencarnou muito doente, foi abandonado pelos pais e desencarnou aos dezesseis anos. Roberto voltou no corpo físico com deficiência mental, recebeu maus-tratos e desencarnou na adolescência. Você reencarnou doente, mudou de plano com meses de vida, voltou a vestir a roupagem carnal, teve uma vida difícil e de muita pobreza, teve o corpo físico morto aos dez anos.

Eu, assim que nasci, fui abandonada, indo parar num orfanato onde faltava tudo; na adolescência, comecei a ter lances de perturbação. Dizia ter filhos, dava-lhes nomes, pegava pedaços de pau e os ninava. Do orfanato, fui para um asilo. Sofria, porém lá ajudava as companheiras e continuei com meus filhos imaginários. Desencarnei por falta de cuidados aos trinta e quatro anos.

Roberto, ao fazer uma pausa, notou que, enquanto lia os relatos deles no convento, recordou-se de como era: alto, magro, andava dando largos passos pelos corredores, e a batina batia em suas pernas; seus cabelos eram negros como os olhos, sorria pouco, só o fazia quando via Renata. Recordou-se também de que não gostava de escutar confissões. Como ele, cheio de pecados, poderia absolver pecados alheios? Evitava celebrar missas, sentia-se impuro entre purezas. O que o consolava é que ajudara muitas pessoas com dinheiro. Sueli disse algo certo, os quatro não foram ociosos nessas reencarnações lembradas, foram trabalhadores.

Continuou a ler.

Reencontramo-nos no Plano Espiritual, nós quatro. O amor aflorou. De fato, nos amávamos. Muitos planos fizemos, e um deles era o de que nesta nossa volta iríamos fazer do amor que sentíamos algo puro.

Havíamos reparado os erros pela dor. Planejamos reparar o resto pelo amor, fazendo o bem.

Minha filha, para fazer este simples relato que somente você e, depois, Roberto irá ler, pedi auxílio para dois orientadores.

Primeiro para a trabalhadora que me auxiliou no local onde se recorda, no Departamento da Reencarnação. Depois, para um professor de escola. Queria ditar a verdade. Fui ajudada, e aí está a narrativa. Esse processo ocorre com maior empenho quando feito por aqueles que querem ditar, escrever, para encarnados num trabalho sério.[1]

Reencarnamos. Você, Renata, sabe bem o que fizemos nesta reencarnação.

Os escritos do caderno acabaram. Roberto, que estava lendo pela segunda vez, chorou. Sentia que tudo era verdade. Lembrou-se que, quando criança, ia à Igreja porque sua mãe o levava, mas não gostava de padres.

Quando Renata desencarnou e o padre ofereceu a Igreja para ela ser velada, ele recusou e, quando o sacerdote insistiu, foi indelicado. Ele, como muitos na cidade, sabia que ele tinha duas amantes: uma mais velha, que residia na região, e a outra jovenzinha, uma garota pobre que morava na periferia. Falou para o padre: "Não quero sua benção, você deveria respeitar sua Igreja; se quer ter amantes, que abandone a batina. Não acredito no que faz". O sacerdote virou as costas e saiu. No passado, quando Roberto abusou da religião, teve oportunidade de

---

[1] N. A. E.: A Casa do Escritor é uma colônia no Plano Espiritual que se dedica a ensinar, a incentivar a boa literatura e organiza muitos estudos, até mesmo para os encarnados, que, em dias marcados na semana, são levados quando seus corpos físicos adormecem, pelos seus mentores, para fazer os cursos. Desencarnados que querem escrever pela psicografia estudam lá por anos. Todos os que escrevem, principalmente na Doutrina Espírita, deveriam ter esses estudos. Eu, Antônio Carlos, espelhei-me em Emmanuel, André Luiz e Joana de Ângelis; poderia também ter me espelhado em outros, mas foquei nesses três, principalmente em Emmanuel, que, para escrever, pesquisava, ia a bibliotecas, assistia ostensivamente a vídeos que narram pela psicometria a vida de Jesus, seus apóstolos e seguidores, para escrever. Costumo fazer isso. Quando contam para mim uma história de vida para transformá-la em romance, pesquiso, vou ao local e faço, pela psicometria, uma leitura dos acontecimentos ocorridos no lugar, no ambiente; converso com outros envolvidos e escrevo umas três vezes. A médium tem como objetivo fazer seu trabalho como Chico Xavier e Divaldo Pereira Franco, que são exemplos de honestidade e dedicação. E juntos escrevemos e reescrevemos umas cinco vezes cada pedaço do livro para que depois sejam corrigidos os erros de português, e o livro seja relido novamente para ser editado.

Histórias do Passado

se afinar com os bons, mas infelizmente foi atraído pelos que agiam errado e concluiu que por isso era intolerante com religiosos que não agiam corretamente.

Em todas as religiões, infelizmente, existem pessoas que as usam para cometer atos indevidos. Não é a religião que é errada, são pessoas que agem errado em nome delas. A atitude do padre da cidade o incomodava porque o fazia sentir seus atos equivocados do passado. É comum que ajamos assim: os vícios que mais criticamos são muitas vezes o que fizemos igual no passado.

"Não deveria", concluiu Roberto, "criticar. Eu não fiz pior?"

Chorando, fechou os cadernos, os guardou na gaveta e a trancou, não queria que ninguém mais os lesse.

16º capítulo

Outras despedidas

Dias depois de ter lido os cadernos, Roberto resolveu se desculpar com o padre e alertá-lo. Foi à cidade, entrou na Igreja e encontrou um sacerdote desconhecido, um homem mais velho, rosto redondo, que o cumprimentou sorrindo.

— Gostaria de falar com o outro padre — pediu Roberto.

— Ele está de partida, irá viajar amanhã, foi transferido. Vim para ficar no lugar dele. O padre está na casa paroquial fazendo suas malas.

Roberto agradeceu e foi à casa paroquial. Bateu na porta e foi ele mesmo quem a abriu. Sem ser convidado, Roberto entrou e encostou a porta. Pela expressão do sacerdote, ele não gostou da visita. Como de costume, o visitante foi direto ao assunto. Falou:

– Vim me desculpar, fui indelicado no dia que minha filha morreu. Desculpe-me!

O padre ensaiou um sorriso e não disse nada. O visitante continuou a falar:

– Não fui eu quem o delatou. Falo diretamente para a pessoa o que tenho de dizer, como faço agora. Por que não deixa a batina se não consegue viver sem sexo? Se não consegue seguir as normas da Igreja, saia; será melhor para você. Já pensou que afastou muitas pessoas da religião com sua atitude? Quem responderá por isso? Com o estudo que fez no seminário, poderá dar aulas, arrumar um bom emprego, casar e ter filhos. É preferível ser um bom cidadão que um mau religioso. Pense! Boa viagem!

O padre o escutou sem falar nada; no final, folheou um livro que estava em suas mãos, demonstrando não estar interessado no assunto, porém empalideceu. Roberto se virou e saiu. Na rua, olhou para a Igreja.

"Terá muito trabalho esse sacerdote que assumirá a paróquia. Tomara que seja um bom guia. E que Deus proteja esse que vai embora!"

Roberto tentou, esforçou-se para viver sem a filha. Recebeu muitas visitas e consolo de amigos, parentes, vizinhos, Milton e Elza, que, preocupados com ele, lhe deram muita atenção. Duas visitas foram para ele muito importantes. A primeira foi de um casal que tinha três filhos e dois morreram num acidente de carro. Contaram que se consolaram quando conheceram a Doutrina Espírita e que estavam formando um grupo espírita na cidade. Foi uma conversa agradável. Roberto contou a eles que há anos lia os livros de Allan Kardec. Conversaram por horas se consolando e falando de espiritismo. A segunda visita foi de duas mulheres, mãe e filha, cujo filho/irmão se suicidara. Elas também estavam sendo consoladas pelos espíritas.

"O espiritismo conforta e consola mesmo!", concluiu Roberto.

A vida continuou. Porém, às vezes, ele sentia que caminhava manco, ora se arrastando e em outros momentos se sentia melhor.

O tempo passa, como se diz, devagar nos períodos de dores, depressa nos alegres. Mas passa...

Voltaram à rotina na fazenda. Júnior vinha de vez em quando visitá-los e Ronaldo mais vezes. Roberto acompanhava atento os estudos de Renan, que mostrou estar mais responsável, não faltou mais às aulas e afirmou que não precisava mais das aulas particulares. Suas notas eram razoáveis, estudava realmente porque era obrigado.

E ambos administravam a fazenda.

Uma manhã de inverno, o telefone tocou às quatro horas da manhã. Era Elza que, embora estivesse chorando, estava calma e lhe deu a notícia:

– Milton morreu! Desencarnou!

Roberto se assustou, trocou de roupa e foi à cidade. Chegou à casa do amigo e doutor Aldo ainda estava lá. Marisa, ao vê-lo, correu para os braços do padrinho.

– Acordei com ele me chamando – contou Elza –, disse não estar bem. Rapidamente, telefonei para o doutor Aldo, voltei ao quarto, segurei suas mãos, e ele, com dificuldades, me disse: "Devo morrer logo, Elza; agradeço-a por tudo, estou enfartando e..."; parou de falar para logo parar de respirar. Quando doutor Aldo chegou, ele já tinha partido.

Roberto organizou tudo: caixão, onde seria enterrado, o velório, avisou Fábio, parentes de Milton e seus filhos, porque, para eles, Milton era o tio querido. Com tudo acertado, voltou para a fazenda prometendo a Marisa que logo retornaria.

Na fazenda, entrou no escritório e, sozinho, chorou.

"Como você, Milton, me fará falta! Choro por mim ou por ele? Penso que choro mais por mim. Você, meu amigo, pela sua vivência, estará bem. Eu ficarei sem o amigo com quem podia sempre contar."

Foi ao seu quarto, se recompôs, trocou de roupa, tomou o desjejum e voltou para o velório.

O velório acabou sendo na Igreja; não havia, naquele momento, salas vazias no hospital. Elza não queria que fosse em sua casa. Foram muitas pessoas se despedir do velho médico, como ultimamente era chamado. Fábio chegou, abraçou a mãe, a irmã, foi cumprimentado e depois se sentou ao lado de Roberto.

— Tio, com certeza agora terei de dar as pensões totais para meus filhos. Mamãe não terá dinheiro para isso. Ela terá de se virar com a aposentadoria de papai, que não é muito.

Roberto indignou-se e olhou para Fábio, certamente com expressão de assombro. Fábio aproximou-se mais e falou em tom baixo:

— Por que tanto espanto, tio? Meu pai foi maravilhoso para muitos, basta ver o velório, porém não o foi para os de sua casa. Foi o doutor Milton um pai ausente, nunca teve tempo para mim, não lembro de ele ter olhado uma lição minha, brincado comigo. Um domingo, após insistir, foi comigo ao futebol, eu ia jogar, fiquei tão alegre. Porém, no meio do jogo, ele foi chamado para uma emergência e foi embora, deixando-me chorando. Papai poderia ter ficado rico, como tantos médicos; além de não ter ficado, deixou somente esta casa que moramos, porém esta foi herança de minha mãe. Nada! Deixou nada!

— Fábio! — um jovem veio cumprimentá-lo. — Meus pêsames!

O filho de Milton se levantou e foi com o amigo para o outro lado. Marisa sentou-se ao lado de seu padrinho.

— Tio, não ligue para o que o Fábio fala. Ele sempre reclama. O que ele pensa não é o que mamãe e eu pensamos. Talvez uma pessoa como papai, que amava tanto a medicina, não deveria ter casado e tido filhos. Papai foi obrigado a se casar; se não fosse por isso, teria com certeza ficado solteiro. Sempre amei e admirei papai. Quantas pessoas aqui são gratas a ele? A maioria. O que é gratidão? A maneira pura de amar ou demonstrar que aprendemos a amar. Porém penso muito no que você disse durante aquele episódio em que Fábio se envolveu. Os familiares, os que moram na mesma casa, são também nossos próximos, e os mais próximos.

Uma amiga veio cumprimentá-la, e Roberto ficou sozinho, pensou que de fato não conseguimos agradar a todos.

Depois do enterro, Roberto voltou à fazenda e comentou com Marcionília:

— Elza deverá passar aperto financeiramente. Milton nada tinha.

— O senhor irá deixar?

— Não! — exclamou Roberto — Mas não sei o que fazer.

— Penso que achará uma maneira de ajudá-la sem constrangê-la. O senhor pagava pelas consultas?

— Não — ele respondeu rápido.

— Aí está a solução. Pague agora!

O fazendeiro sorriu. Lembrou que a primeira vez que Milton o atendeu foi porque Júnior fizera um corte na perna, levando oito pontos. O médico se espantou e fez uma expressão de indignação quando ele perguntou quanto lhe devia; como ele conhecia bem o amigo, entendeu que ele não gostara da pergunta. Respondeu: "Por que me ofende?". Nunca mais perguntou, e foram muitas consultas...

No outro dia, sabendo que Fábio fora embora, Roberto foi à casa de Elza.

— Quase que não me encontra, estava indo para a Casa Abrigo — falou Elza.

— Primeiro, peço desculpas por me intrometer. Segundo, não vou demorar. Terceiro, como sempre, vou direto ao assunto. Devo dinheiro ao Milton e quero pagar.

— Você deve ao Milton? — Elza sorriu. — Como? Por quê? Milton nunca teve dinheiro para emprestar. A você? Tem certeza?

– Absoluta! Milton, durante esses anos todos, consultou a mim, à minha família e aos meus empregados. Nunca paguei! Ele me disse – mentiu, porém julgou ser necessário – que, quando precisasse, ele cobraria. O tempo passou, e eu não paguei. Vou pagar agora.

– Se Milton não aceitou, não vou aceitar – Elza estava decidida.

– Quem não paga continua devedor; se eu desencarnar e ir, por isso, para o Umbral, será você que terá que ir lá me buscar, isso se não estiver por esse motivo lá comigo.

– Bem – Elza riu –, se é para você não ir para o Umbral, aceito.

– Vou organizar para você, eu...

– Agora tenho a certeza de que Ronaldo puxou a você – Elza continuou rindo.

– Posso? Você me permite? Por favor!

– Sim, vou escutá-lo.

– O consultório de Milton ficará ocioso. Poderá alugá-lo. O terreno da casa é grande, vou usá-lo. Ficará sem sua horta. Paciência, nem tudo é perfeito. Vou aumentar a sala de espera, melhorar o consultório que Milton usava e farei outra sala para ser outro local de atendimento; na parte de trás, farei banheiros e uma pequena copa. Farei isso tudo com rapidez. Você, Elza, terá, para viver, além da pensão, a aposentadoria de Milton, os aluguéis dessas duas salas.

– Não ficará caro? – perguntou Elza preocupada.

– Isso é a metade do que devo ao seu marido. Ah, na outra parte do terreno, farei um estacionamento. Posso começar amanhã? Você tira hoje os objetos particulares de Milton. Obrigado, Elza, você está me livrando de uma estadia no Umbral. Tchau!

Saiu depressa antes de Elza contestar; satisfeito, foi conversar com um construtor seu amigo que, no velório, queixara-se de que estava sem trabalho. Acertou com ele, começaria no dia seguinte. Abriu crédito na loja de materiais. Com tudo acertado, foi conversar com o prefeito.

– Forneço os materiais, e a prefeitura a mão de obra, e vamos fazer, em frente ao cemitério, salas de velórios.

– Como nas cidades grandes? O município tem outras prioridades – falou o prefeito.

– Estou doando os materiais. Isso não é prioridade?

Depois de muitas conversas, combinaram que seriam feitos duas salas grandes para os velórios, dois banheiros, uma copa, um escritório e outro banheiro privativo, que seria utilizado pelos trabalhadores do cemitério.

"Tenho agora onde ser velado!", pensou ele.

Os consultórios ficaram bonitos, e dois médicos alugaram as salas. Fábio voltou quando tudo estava pronto e foi conversar com Roberto, quando ele e a família de Milton olhavam o local.

– Quem imaginava que você devia ao papai? Poderia ter dado esse dinheiro à mamãe.

– Fábio – respondeu Roberto –, achei melhor fazer algo para Elza ter dinheiro certo todo mês.

– Se você pagasse, mamãe dividiria, e a Marisa poderia aumentar a casa em que mora.

"E você com certeza compraria um carro novo", pensou Roberto.

Fábio cumprira o que prometera; namorava muito, não se firmava com ninguém, viajava, morava num bom apartamento e tinha bons carros.

– Meu caro, se fizesse o que disse, estaria prejudicando você, porque, se sua mãe não tivesse como se sustentar, seria você quem o faria. Seria obrigado, como advogado sabe melhor que qualquer outro que um juiz o faria ajudá-la.

Fábio o olhou sério e saiu de perto dele. Roberto se aproximou de Elza e foi direto:

– Minha amiga, preste atenção no que vou lhe falar. Cuide de você, por favor. Esse dinheiro que receberá dos aluguéis é seu. Fábio está bem, não precisa, não dê nada a ele.

– Meu neto tem ficado muito comigo. Está estudando, mas a filha de Fábio irá se casar logo e, casada, não receberá mais a pensão; assim, Fábio poderá ajudar seu filho, que quer ser médico como o avô.

– Elza, estamos velhos. Milton infelizmente não lhe deixou nada, e ficará sem o que ele recebia das consultas. Cuide de você!

– Vou fazer isso, velho amigo! – Elza sorriu. – Conselho de amigo, ainda mais velho na amizade, é para ser seguido.

Roberto aproximou-se de Marisa, nunca fora à casa dela, embora tivesse sido muitas vezes convidado, sabia que sua moradia era pequena.

– Minha afilhada, você me permite reformar sua casa? Assim pago de vez seu pai.

– Não me dê desculpas, tio – Marisa sorriu. – Ajudou mamãe, sou muito grata por isso, falando que devia ao papai.

– Marisa – Roberto se emocionou –, seu pai e eu éramos amigos, digo, somos amigos, já que a morte não acaba com a amizade. Não menti, Milton foi nosso médico, nunca paguei por uma consulta. Fui ficando cada vez mais rico. E ele? Não juntou nada material para si. Somente percebi isso depois que ele desencarnou. É inacreditável minha falta de sensibilidade. Não acho justo Elza passar por necessidades. Fiz tão pouco. Penso que, com os aluguéis e a pensão, Elza continuará com a forma de vida de que tanto gosta. Não me prive, por favor, de retribuir um pouquinho o que Milton me fez.

– Ah... Ronaldinho Segundo! Ou o Ronaldo é o Roberto Segundo? – Marisa riu. – Está bem, tio. O que quer fazer na minha casa?

– Primeiro diminuir seu jardim e fazer uma garagem. Fazer outra cozinha com lavanderia e mais dois quartos com banheiros.

– Só isto? Está variando?

– Você quer mais alguma coisa?

– Ah, tio! – Marisa o abraçou. – Agradeço-o muito.

– Começarão a reforma na semana que vem. E para você não dizer que fiz o que quero, o consultor a escutará, porém não abro mão de fazer certas reformas. Certo?

Roberto reformou a casa de Marisa, aí se sentiu satisfeito.

Certo dia, Marcionília desmaiou na cozinha, e foi uma correria. Roberto e Renan a levaram ao hospital. Ela não queria ir, falou que havia sido o calor que a fizera perder os sentidos.

– Nem está tão quente hoje – concluiu Renan.

Depois da consulta e muitos exames, voltaram à fazenda com recomendações de que ela ficasse em repouso.

Dias depois, o fazendeiro buscou os exames e conversou com o médico. Sentiu falta da atenção de Milton. Doutor Aldo tentou explicar que o coração de Marcionília estava debilitado, que era grave e não tinha muito o que fazer.

Roberto voltou para casa preocupado e contou para o filho. Uma nova rotina foi estabelecida na casa. Marcionília somente iria dar ordens, foi contratada outra empregada. Renan passou a controlar aquela que muito cuidou dele: "Merci, não faça isso!"; "Não suba as escadas!"; "Venha se alimentar!".

– Senhor Roberto, dê um jeito nesse moleque, ele manda e desmanda.

– Merci, Renan tem razão. Estamos somente cuidando de você.

Como previsto, Marcionília piorou, e Roberto contratou uma enfermeira para ficar com ela à noite.

– Senhor Roberto – chamou Cecília –, dona Merci o está chamando no quarto.

Francisco e Cecília eram empregados de confiança. Cecília era quem organizava os trabalhos da casa.

Marcionília, desde que viera trabalhar com eles, morava na casa, num apartamento grande, quarto e banheiro, que ficava perto da cozinha.

– Senhor Roberto – disse Marcionília quando o viu –, queria estar trabalhando; esse doutor Aldo não entende metade do que o doutor Milton entendia.

– Doutor Aldo é muito bom médico. Júnior levou seus exames para um especialista amigo dele ver, e ele afirmou que o tratamento está correto. Paciência! Tem que repousar! Você, quando sadia, trabalhou, e muito.

– Penso que exageram. Mas o chamei aqui, obrigada por vir, para lhe dizer que, por muitos anos, guardei dinheiro. Tenho uma poupança. Era para a minha velhice. Seria para agora, mas o senhor não me deixa pagar nada, nem a enfermeira.

– Por favor, Merci, já conversamos sobre isso. Quer que eu chame Renan?

– Não, senhor, aquele moleque me vigia!

Renan, de fato, para a alegria do pai, cuidava da velha e amiga trabalhadora da casa. Às vezes, sob os protestos dela, ele a carregava, a levava no colo para a varanda e pela casa.

– Não vou precisar desse dinheiro – falou Marcionília –, pensei muito no que fazer com ele. Já dei objetos meus para as empregadas, para Cecília. Amo as crianças, mas Júnior e Ronaldo, graças a Deus, não precisam e nem Renan. O que o senhor acha de eu dar para a Casa Abrigo?

– Será muito bem empregado. Concordo!

– O senhor fará isso para mim?

– Com prazer!

Roberto tirou o dinheiro do banco, da poupança de Marcionília e o deu para Elza.

Uma tarde, ao ir à cozinha tomar café, Silmara falou ao seu patrão:

– Tenho de ficar olhando esse doce, mas é hora de levar chá com torrada para Merci.

– Eu levo!

Roberto pegou a bandeja e, devagar, para não deixar cair nada, rumou para o quarto da velha empregada. Não fez barulho. Ao chegar em frente ao quarto, viu que a porta estava aberta. Pelo vão de uns vinte centímetros, olhou para dentro. Viu, pelo espelho da penteadeira, que ficava em frente ao leito, que Merci estava com uma foto na mão e, com carinho, a olhava e sorria. Roberto ficou parado olhando.

Histórias do Passado

"Quem será a pessoa da foto? Meu Deus!"

Marcionília virou a foto e Roberto reconheceu ser ele mesmo. Era um retrato seu.

Devagar, agora prestando atenção para não fazer barulho, ele se afastou, parou no início do corredor e se recompôs.

"Merci me ama, talvez sempre tenha me amado. O que faço? Sueli, se puder, me ajude!"

Sentiu dentro de si algo assim: "faça ao outro o que gostaria que lhe fizesse".

"O que iria querer para mim se eu fosse Merci? Reconhecimento? Renan, eu, Júnior, Ronaldo e toda a família temos dado atenção e conforto a ela. O que falta? Agradecimento?"

O dono da casa bateu os pés, fazendo barulho ao andar, e falou:

— Merci, estou levando seu chá!

Bateu na porta e entrou.

— Bom dia, senhor Roberto!

— Bom dia!

Roberto puxou uma cadeira colocando-a ao lado da cama e sentou.

— Merci, minha velha amiga! Trouxe seu chá, mas vim para uma conversa. Vim agradecê-la. Muito obrigado por tudo! Você sempre esteve presente em nossas vidas, na de Sueli, dos meus filhos e na minha.

— Sempre fui tratada como da família — Marcionília se emocionou.

— Porque faz parte dela! Aceita a minha gratidão?

Roberto pegou a mão dela, beijou-a, depois a encostou em seu rosto, molhou-a com suas lágrimas. Naquele momento, compreendeu o tanto que aquela mulher estivera presente, e de forma positiva, na vida deles. Marcionília o amava. Desde quando? Isso não iria saber. Outro amor platônico. Aquela casa fora um ninho de amor sem interesse que purificara os que o sentiam. Com certeza ele nunca iria corresponder; talvez, se soubesse antes, iria se constranger, mas agora não. Marcionília iria partir logo.

– Obrigado, amiga! Obrigado!

Ela sorriu somente, mas seus olhos brilhavam, não conseguiu falar.

– É melhor tomar seu chá.

Roberto se levantou e saiu do quarto. À noite, Renan comentou:

– Merci deu a mim e a Silmara uma caixa com alguns papéis rasgados e pediu que os colocássemos no fogo. Nós o fizemos e vi queimar tudo. Não sei o que aconteceu, mas Merci está feliz hoje.

Quinze dias depois, Marcionília desencarnou, calma como fora sua vida. Velaram seu corpo no velório do cemitério. Renan chorou muito.

Roberto, novamente, teve de reorganizar a casa.

17º capítulo

Novamente com os amigos

Roberto soube no bar o que Renan fizera para ser dispensado do Serviço Militar, do Tiro de Guerra. Ele não queria fazer; com dezoito anos tinha que se alistar e reclamou que seria chato.

— Seu filho disse que é arrimo de família, que cuida do pai.

O primeiro impulso de Roberto foi ficar bravo, pensou em ralhar com o filho. Mas sorriu somente e não falou nada. Depois, ao voltar para a fazenda, pensou que de fato Renan estava cuidando dele e muito da fazenda. O garoto se preocupava até demais com ele. Às vezes ralhava com o filho depois de escutar pela terceira ou quarta vez: "Já tomou seu remédio?"; "Por que não comeu tudo?"; "Vou com você à lavoura"; "Não tome muito café". Resolveu não comentar o que ouvira com ele.

Após ter lido muitas vezes os cadernos de Renata, resolveu destruí-los.

"Não quero que ninguém mais leia isso. É muito íntimo. Se eu desencarnar de repente, Renan pode achar, ou pior, uma empregada. Vou queimá-los."

Rasgou, depois queimou e verificou se de fato tudo fora queimado. Olhando o fogo, Roberto pensou: "Filha, queimo as lembranças de Sueli, as nossas, não duvidei por um instante que fora realmente o que ocorreu. Entendi que fizemos atos errados, mas também, como normalmente acontece, penso que, como todos, fizemos também atos bons. Isso me consola".

Mostrou, naquela noite, o esconderijo da cômoda para Renan.

— Por que tem isso? Não tem nada dentro! — o filho não se interessou.

— Não tem nada aí dentro, mas poderá ter. Eu não vou colocar nada nessa gaveta. A cômoda era de Sueli, ela existe e está na casa. É bom você saber que existe.

— Tudo bem!

Roberto se correspondia com seus irmão e irmã; depois que o telefone fora instalado, telefonavam-se. Idosos, há tempos não se visitavam. Sua irmã desencarnou, um sobrinho lhe deu a notícia. Dois anos depois, foi o irmão. Raramente falava com os sobrinhos.

"A vida nos separou. Cada um de nós teve uma maneira de viver", pensava o fazendeiro.

Roberto resolveu fazer o filho mudar de ideia e fazê-lo estudar. Primeiro o fez viajar. Foi com ele a outras cidades. Renan ia alegre e voltava mais ainda. Numa de suas férias escolares, ele foi, com os irmãos e familiares, esquiar. Ficou vinte dias viajando. Renan se dava bem com todos, tinha muitos amigos, os sobrinhos o chamavam pelo nome. Roberto pagou suas despesas. Tudo deu certo, o garoto voltou eufórico, contou para o pai vários lances da viagem, o que vira, o que mais gostara e sobre a neve.

– Você gostou mesmo da viagem! – comentou o genitor.

– Pai, de fato gostei, mas não percebeu? Estou contente por estar de volta! Vou ver Clara, trouxe um presente para ela.

Muitas vezes Renan ia à escola de ônibus para estar perto dessa garota que era vizinha deles. O jovem falava muito nela.

– Papai – comentava –, Clara é bonita, mas tem outras meninas mais bonitas que ela interessadas em mim. Só que não tem jeito; se as comparo com Clara, elas perdem de longe. Ela tem um jeitinho que me fascina!

Quando Roberto viu Clara, foi um dia na cidade, entendeu. A mocinha tinha o jeito de sua mãe, um modo peculiar de falar, mexer a cabeça e as mãos. Entendeu que era um reencontro.

Nas férias do meio do ano, Roberto fez Renan o acompanhar, ia visitar os filhos, ficariam três dias na casa de Júnior e três com Ronaldo. Os quatro netos eram estudiosos, já se preparavam para continuar os estudos. A pedido do pai, Júnior os levou para conhecer a Universidade de Agronomia. Acharam-na linda, e foi Roberto quem mais se entusiasmou. Renan, curioso, olhava tudo; fez muitas perguntas.

– Não tem vontade, filho, de estudar aqui?

– Penso que quem ficou com vontade foi você – Renan sorriu. – Entendi agora por que viemos aqui.

Quando voltaram à fazenda, Renan perguntou:

– Papai, nunca vi você voltar atrás no que diz. Não fará isso, não é?

– De que está falando?

– Irá me forçar a continuar a estudar? Pensa que não percebi que você tem viajado comigo, me empurrado para viajar com meus irmãos, que fomos à universidade na tentativa de me fazer mudar de ideia e estudar?

– É verdade. Falei, está falado. Mudaria de opinião se reconhecesse que eu estava errado. Disse que você seria obrigado a estudar até o terceiro ano do ensino médio e você se formará este ano.

– Não mudei de ideia, papai. Não quero estudar, quero ficar na fazenda.

– Está bem, pelo menos eu tentei.

Renan passou a namorar firme Clara. Foram, ele e o pai, almoçar na casa da família dela, e eles vieram à fazenda. Foram encontros agradáveis.

Clara, mais moça que ele, teria mais dois anos de estudos e planejaram, depois que ela se formasse, noivar e casar.

Renan pegava o trator da fazenda, arava ou colhia para seu futuro sogro.

O fazendeiro achou que era tempo de deixar tudo em ordem, acertado, para que, quando desencarnasse, seus herdeiros não tivessem trabalho.

"Quando queremos algo, devemos fazer e não deixar para que o outro faça por nós."

Conversou com os filhos sobre deixar a fazenda para Renan e os outros bens para Ronaldo.

Júnior comentou:

– Papai, pensei que já tivesse feito isso. Faz tempo que conversamos sobre esse assunto. Renan deve ficar com a fazenda e, se precisar de mais alguma coisa para ser justo com Ronaldo, me avise. Sou grato pelo que fez.

Nunca mais haviam comentado sobre o nascimento de Renan. Roberto ficou contente com a atitude de seu filho mais velho. Falou com Ronaldo quando este foi à fazenda.

– Papai, farei tudo, acerto todos os documentos e, quando estiver pronto, você irá à cidade em que moro para assinar. A fazenda será de Renan quando você morrer, ou desencarnar, como diz. A mim, deixará as casas na cidade, apartamentos e o dinheiro no banco. Papai, não se esqueça de que Renan precisará de dinheiro para administrar este lugar.

Histórias do Passado

– Para isso, temos outra conta. Filho, Júnior poderia querer a parte dele; sei que para ele isso não representa nada, está muito rico e concordou em não receber nada de mim, está contente por Renan receber. Você receberá menos. Isso não o incomoda?

– Não! – Ronaldo respondeu com segurança. – Se fosse dividir por três, receberia menos. Papai, num jogo, uma pessoa coloca duas outras para jogar. Os jogadores entram com nada. São dados cem reais para dividir. O que seria justo? A maioria que escuta esta história responderia que a divisão deveria ser igual, cinquenta reais para cada um. Alguns disseram que queriam ganhar, receber, mais, pois, como jogadores, trabalharam, dedicaram-se ou, infelizmente, por serem mais espertos. Quando perguntado a todos que foram convidados a jogar se aceitariam ganhar noventa e o outro dez, uns afirmaram que sim e que queriam que o jogo acabasse desse modo. Aqueles que estão sempre pensando mais nos outros que neles disseram que poderiam dar oitenta para seus companheiros de jogo e vinte para eles. Mas os que pensaram estar sendo justos acharam que deveria ser metade para cada um. Mas por quê? Se o jogador não entrou com nada no jogo?! Por que não se contentar com o que receber? Vejo, papai, assim: eu nasci, vim ao mundo sem nada. O que receber de herança é como nesse jogo, penso que o que ganhar é lucro, e muito! Estou satisfeito! Você e mamãe me deram muito mais do que herança, me deram carinho, me ensinaram a ser digno, honesto, me deram estudos e meios de ganhar a vida trabalhando. Por favor, papai, Renan deve ficar com a fazenda, ele a ama, e eu somente gosto daqui.

Roberto abraçou o filho. Emocionaram-se.

Foi feito, e todos assinaram.

O fazendeiro chamou Renan para conversar.

– Papai, não fiz nada de errado. Nada mesmo!

Roberto sorriu. Renan, sempre arteiro, levado, estava sempre sendo chamado para uma advertência.

"Falha minha", pensou ele, "Renan fez tantas coisas boas".

– Meu filho, quero lhe dizer que estou muito contente com você, é trabalhador, honesto e posso confiar em você.

O mocinho sorriu contente. O pai contou a ele o que fizera.

– A fazenda será sua quando eu desencarnar. Por isso você deverá fazer a contabilidade para que eu possa continuar lhe ensinando. Quero também falar de Ana Lúcia.

Desde pequeno, Renan sabia quem fora sua mãe. Guardava fotos dela, umas tiradas no período em que ficara na fazenda, outras que ela trouxera de suas apresentações no teatro. Conversavam com ele sobre sua mãe.

– O que tem mamãe? – perguntou o moço.

– Você não quer saber dela?

– Não! Se ela não quer saber de mim, eu também não quero ter notícias dela. Ronaldo me fez essa mesma pergunta. Pensei e concluí que não devo perturbá-la. Gosto da fazenda. Ela gosta do teatro. Pelo menos naquela época gostava. O que faço para estar aqui? O que deixo de fazer? Por amor, compreendo que o resto não importa. Ela deve ter pensado isso. Depois, como Renata dizia, Ana Lúcia me deixou com vocês; se não confiasse, não me deixaria. Pai, não senti falta dela, não com você, Renata e Merci cuidando de mim. Só não entendo o porquê de você ter se envolvido com ela.

– Ana Lúcia era fascinante e...

– Bem, não importa – interrompeu Renan. – O que importa é que eu nasci, e aqui estou. Minha mãe não deve ter se dado bem como atriz. Penso que casou, não falou de mim, e a vida foi passando...

– Por que pensa assim? – o pai quis saber.

– Renata me disse.

Roberto se lembrou que a filha psicografara o que Sueli lhe ditara sobre Ana Lúcia.

– Quero que preste atenção no que vou lhe dizer: se um dia Ana Lúcia vier procurá-lo...

– Eu a receberei bem, porém não quero conviver com minha mãe.

– Se ela precisar de ajuda, você deve auxiliá-la, porém no que puder, sem se exceder. Entendeu?

– Sim, ajudo-a com o que puder, sem porém dar o que me fará falta. Papai, penso que, se ela não veio até agora, não virá mais. Guardo seu conselho no meu coração e na memória. Quero ser, papai, inteiro como você!

O genitor não entendeu, o interrogou com o olhar, Renan sorriu e explicou:

– Júnior é uma metade sua, e Ronaldo, a outra. Meu irmão mais velho faz muitas doações, caridades, doou aparelhos caros para o hospital da nossa cidade e, pelo que vi, ao visitar seu local de trabalho, seus empregados o respeitam, admiram, é um bom patrão. Ronaldo é a outra metade, ele resolve problemas de tantas pessoas! Quando tem certeza de que uma pessoa é inocente, trabalha triplicado para defendê-la e até de graça, está sempre resolvendo dificuldades. Auxilia até seus colegas de profissão com conselhos, ajudando-os em seus processos. Você, papai, também faz caridades, há anos sustenta a Casa Abrigo e, como Ronaldo, está sempre aconselhando, encontrando soluções para situações difíceis de todos os que o rodeiam. Os vizinhos recorrem a você quando têm algum problema, ajuda-os comprando sementes para eles para serem pagas após a colheita e sem juros. Se a plantação deles está com alguma praga, é você quem lhes fala o que têm de fazer, empresta tratores etc. É respeitado e admirado.

– Você se orgulha de seus irmãos, não é? – perguntou o pai.

– Muito e não me esqueço de Renata. Foi nela que me inspirei para ser o todo de você.

Roberto concluiu que de fato educamos mais com exemplos. Estava contente com os filhos e com Renan. Seu caçula fora um presente que Deus lhe dera.

"Ainda bem que não recusei!", meditou sobre o que conversara com o filho e concluiu: "O principal, com certeza, não foi a minha atitude externa, visível, mas minha melhora interna. Ser é mais importante do que fazer".

Quando Ronaldo foi à fazenda, Roberto falou com ele.

– Ronaldo, quero lhe pedir mais um favor. Se acontecer algo comigo, cuide de Renan. Ele é jovem e terá muitas responsabilidades. De vez em quando, verifique o que ele está fazendo e, se um dia Ana Lúcia voltar, não a deixe explorá-lo.

– Não sei por que está falando isso, mas, se é para tranquilizá-lo, prometo.

Renan se formou. Como ele ficou contente por parar de estudar! Dedicou-se mais ao trabalho. O pai reconheceu que ele era competente na administração da fazenda. O fazendeiro sentiu os anos que tinha, estava sempre sentindo alguma dor. Cuidava do corpo, ia a médicos, tomava remédios. Já não andava mais a cavalo, Renan o levava pela fazenda de moto, ia na garupa.

Naquele dia, Roberto sentiu saudades dos filhos, telefonou para eles, conversou com as noras e netos. Foi dormir contente, todos estavam bem.

Acordou não se sentindo bem. Foi ao banheiro.

"Há quinze dias fiz todos os exames que doutor Aldo pediu, não deu nada grave. Agora não estou bem. Amanhã marco outra consulta. Como você, Milton, faz falta!"

Deitou-se. Passados alguns minutos, sentiu uma dor fortíssima no peito, a sensação de que ia estourar, partir-se ao meio. Quis pedir ajuda, chamar o filho, mas não conseguiu se mover ou falar. A dor foi suavizando. Ouviu sua respiração acelerada para depois voltar ao ritmo normal.

– Roberto!

Escutou chamarem-no, esforçou-se e abriu os olhos; viu Milton à sua frente, sorrindo.

– Oi, amigo! Bom dia, Roberto!

– Bom dia – respondeu Roberto com dificuldade.

– Viemos vê-lo – respondeu Milton.

– "Vieram"? Quem?

Roberto ficou curioso, tentou se levantar e não conseguiu; abriu mais os olhos e olhou pelo cômodo. Viu então Renata, Sueli e um vulto mais atrás. Ele sorriu ao ver Renata, ela estava linda, saudável e risonha.

– Oi, Roberto, estamos aqui – disse Renata.

– Para quê? Por quê? Morri? Desencarnei? Ou estou morrendo?

– Ah, meu amigo – explicou Milton –, na vida fazemos mudanças, ora estamos num lugar, ora noutro. Moramos nós – mostrou com a mão suas acompanhantes – numa colônia, num agrupamento organizado e com muita ordem no Plano Espiritual. Temos, por residência, uma casinha linda, arrumada, onde nos reunimos por algumas horas por dia, porque a vida continua com atividades. Você irá se admirar como podemos aprender lá. Eu reestudei medicina. Trabalhamos nós todos, e isso é maravilhoso. Nós o aguardávamos, agora você irá conosco, terá um quarto somente para você se recuperar, e logo poderemos lhe mostrar os encantos da colônia. Espero que em breve esteja apto a ser útil. Poderá escolher um de nós para trabalhar junto. Convido-o a ficar comigo, talvez o amor à medicina desperte em você!

– Você está contente, entusiasmado! – Roberto conseguiu dizer.

– Isso acontece sempre quando falo da medicina – explicou Milton. – Vou desligar seu corpo espiritual do físico.

Renata segurou uma mão dele, e Sueli, a outra.

– Roberto – disse Sueli –, continue tranquilo, é melhor que durma.

– Queria ficar acordado para ter a certeza de que não estou sonhando. Se sonho, vou acordar!

– Acordará de qualquer jeito – Sueli sorriu. – Se estiver encarnado, lembrará de ter sonhado conosco; se desencarnado, acordará num leito diferente e, pelo que leu, estudou, entenderá logo que, de fato, fez uma mudança.

— Renata! Você veio me buscar?

— Sim, Roberto, seu corpo físico sofreu um enfarto e por isso parou suas funções. Você desencarnou! Agora se tranquilize!

— Como não me sentir tranquilo com vocês ao meu lado?

Viu que Milton passava as mãos pelo seu corpo, começou a se sentir dois e, por mais que se esforçasse para ficar desperto, foi fechando os olhos. Queria continuar olhando Renata, ela estava tão bonita, suave, sentira tanta saudade da filha, dos amigos...

Despertou com batidas na porta.

— Senhor Roberto! Senhor Roberto! Perdeu hora? É tarde! — escutou Cecília chamá-lo.

A empregada, preocupada, pois nunca vira o patrão se levantar mais tarde, bateu à sua porta; apreensiva por não ter resposta, a abriu.

— Senhor Roberto! — falou, olhando-o no leito. — Ai, meu Deus! Ele morreu! Renan! Renan!

Cecília saiu do quarto gritando.

— Estamos acabando, Roberto! — falou Milton. — Acabei! Você está livre, amigo! Dê-me um abraço! Irá conosco!

— De pijama? Não posso me trocar? — perguntou o recém--desencarnado com voz baixa, falando com dificuldade.

— Sim, pode — Milton sorriu. — Que tal essa roupa?

Roberto se viu vestido com calças pretas e camisa azul. Sorriu contente.

Milton, que já havia aprendido a plasmar objetos diversos no Plano Espiritual, pois desencarnado que quer aprende muito e de tudo um pouco, plasmou a roupa que sabia que o amigo gostava.

Ele, ao se ver desligado, se viu vestido como desencarnara, seu perispírito estava de pijama. Não é difícil fazer esse processo, muitos desencarnados o fazem sem conhecimento, o fazem pela vontade.

Roberto se sentiu num estado que parecia com aquele em que, dormindo, se quer acordar; se deixou abraçar por Milton, Sueli e Renata. Queria falar, mas não conseguiu coordenar os pensamentos.

– Isso passa logo – afirmou Sueli.

Renan, aflito, entrou no quarto do pai. Primeiro olhou para o leito; depois colocou a mão no pescoço do genitor, tentando contar as pulsações, passou a mão pelo seu nariz. Roberto se olhava e também para seu corpo no leito.

Que sensação estranha ele sentiu! Ver seu corpo ali no leito, sentindo ser dele, ser ele, inerte. Quis voltar, sentiu vontade de se deitar e ficar ali pertinho do corpo. Talvez seja por isso que a maioria daqueles que têm merecimento de ser desligados, isto é, ter seu espírito retirado da matéria física morta, adormece. Porque de fato é preciso de ser muito desprendido para ver esse processo com calma.

– Por favor, papai, acorde! – pediu o filho.

Renata segurou firme na mão daquele que a criara. Porém, quando Renan percebeu que o pai desencarnara, chorou alto se lamentando.

– Não, papai! Por favor, não se vá! Meu pai!

Novamente Roberto fraquejou.

Que diferença quando a desencarnação ocorre com encarnados confiantes ao lado orando. Muitas vezes desencarnados amigos melhoram o doente para afastarem parentes, para que a desencarnação ocorra de forma tranquila.

Foi então que Roberto reconheceu o quarto desencarnado, o vulto que vira era Marcionília, que lhe sorriu e se aproximou de Renan, o envolveu como se fosse um manto de luz suave.

– Merci veio para ficar por uns tempos com Renan – falou Sueli.

– Não se preocupe com ele: é jovem, sadio, ama a fazenda, logo

VERA LÚCIA MARINZECK DE CARVALHO ditado por ANTÔNIO CARLOS

se casará, terá filhos, a casa voltará a ter alegria. Você o criou muito bem, Renan é boa pessoa. Sofre, sentirá sua partida, mas terá o apoio dos irmãos e de Clara, o grande amor de sua vida.

Renan, ajoelhado ao lado da cama, mais calmo, passava as mãos no rosto do pai, Roberto sentiu esse carinho, esforçou-se e conseguiu balbuciar:

– Renan, meu filho, eu o abençoo, fique em paz!

Milton, Sueli e Renata o abraçaram. Confiando nos amigos, adormeceu. Partiram.

Livros da Patrícia

Best-seller

Violetas na janela
O livro espírita de maior sucesso dos últimos tempos – mais de 2 milhões de exemplares vendidos! Você também vai se emocionar com este livro incrível. Patrícia – que desencarnou aos 19 anos – escreve do outro lado da vida, desvendando os mistérios do mundo espiritual.

Vivendo no mundo dos espíritos
Depois de nos deslumbrar com *Violetas na janela*, Patrícia nos leva a conhecer um pouco mais do mundo dos espíritos, as colônias, os postos de socorro, o umbral e muito mais informações que descobrimos acompanhando-a nessa incrível viagem.

A Casa do Escritor
Patrícia, neste livro, leva-nos a conhecer uma colônia muito especial: A Casa do Escritor. Nesta colônia estudam espíritos que são preparados para, no futuro, serem médiuns ou escritores. Mostra-nos ainda a grande influência dos espíritos sobre os escritores.

O voo da gaivota
Nesta história, Patrícia nos mostra o triste destino daqueles que se envolvem no trágico mundo das drogas, do suicídio e dos vícios em geral. Retrata também o poder do amor em benefício dos que sofrem.

Leia e divulgue!
À venda nas boas livrarias espíritas e não espíritas

Psicografados por Vera Lúcia Marinzeck de Carvalho

Os mistérios que rondam os dois lados da vida...

Vultos sombrios, uma casa assombrada e um segredo...

Distante da cidade, a casa do bosque esconde um estranho segredo. Seus vizinhos estão certos de que a residência é assombrada. Desafiando o perigo, Leandro invade o lugar. Protegido pelo entardecer, ele penetra na casa e cai nas garras do desconhecido. O primeiro a recebê-lo é um vulto sombrio...

Mais um sucesso da Petit Editora!

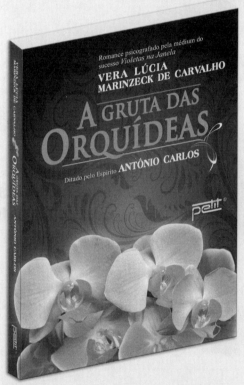

Você já descobriu a sua luz interior?

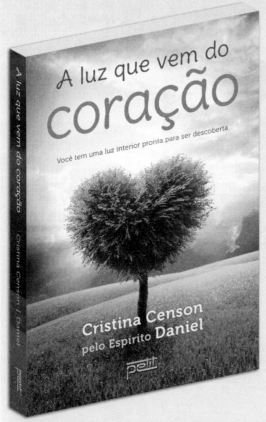

Vidas que se entrelaçam; oportunidades e chances que são oferecidas a todos.

Quando as pessoas são surpreendidas pelo desencarne de uma pessoa querida é comum que entrem em desespero. Não foi diferente com Raul, um dos personagens centrais desse romance, que conhece o fundo do poço quando sua jovem esposa parte dessa existência terrena vítima de uma doença fatal. Encontros, esperança, novas oportunidades... Todos nós temos uma luz interior capaz de nos reerguer.

Sucesso da Petit Editora!